KOCHBUCH DER JAPANISCHEN KÜCHE

100 KLASSISCHE UND MODERNE REZEPTE

JOCHIM DREHER

Haftungsausschluss

Die in diesem eBook enthaltenen Informationen sollen als umfassende Sammlung von Strategien dienen, die der Autor dieses eBooks erforscht hat. Zusammenfassungen, Strategien, Tipps und Tricks sind nur Empfehlungen des Autors, und das Lesen dieses eBooks garantiert nicht, dass die eigenen Ergebnisse genau die Ergebnisse des Autors widerspiegeln. Der Autor des eBooks hat alle zumutbaren Anstrengungen unternommen, um aktuelle und genaue Informationen für die Leser des eBooks bereitzustellen. Der Autor und seine Mitarbeiter haften nicht für unbeabsichtigte Fehler oder Auslassungen, die möglicherweise gefunden werden. Das Material im eBook kann Informationen von Dritten enthalten. Materialien von Drittanbietern enthalten Meinungen, die von ihren Eigentümern geäußert werden. Daher übernimmt der Autor des eBooks keine Verantwortung oder Haftung für Materialien oder Meinungen Dritter.

INHALTSVERZEICHNIS

RIND, HÜHNER, SCHWEINE UND MEERESFRÜCHTE..................................80

JAPANISCHER SALAT.........................113

SUPPEN...142

EINLEITUNG

Die Japaner haben schon immer die Aufmerksamkeit der Welt genossen, alles dank ihrer beneidenswerten Küche und Kreativität in der Speisekammer.

Dieses Kochbuch führt Sie durch unglaubliche und einfache japanische Gerichte, die Sie zu Hause zubereiten können. Damit können Sie endlich die Augen schließen und endloses japanisches Aroma in der Luft genießen.

Die japanische Küche umfasst hauptsächlich die territoriale und konventionelle Ernährung Japans, die sich über Hunderte von Jahren politischer, monetärer und sozialer Veränderungen entwickelt hat. Die übliche Küche Japans basiert auf Reis mit Miso-Suppe und verschiedenen Gerichten; es gibt eine Betonung auf saisonalen Zutaten.

EIER

1. Nori-teuflisches Ei

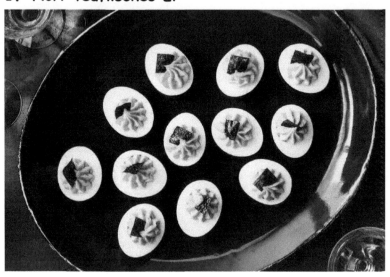

Zutaten

- 7 große hartgekochte Eier. Aufgebrochen und halbiert
- 4 Noriblätter. In Streifen schneiden
- ½ Tasse Mayonnaise
- 2 Teelöffel Reisessig
- 2 Teelöffel Wasabipaste
- ¼ Teelöffel Meersalz

Zutaten

a) Eigelb aus den Eiern entfernen und pürieren

b) Fügen Sie das zerdrückte Eigelb zu Mayo, Salz, Wasabi und Essig hinzu und mischen Sie es zu einer perfekten Paste

c) Das Eiweiß auf einem Teller anrichten

d) Schöpfen und tropfen Sie den Inhalt in die Vertiefung jedes Eiweißes

e) Die Noristreifen befeuchten und auf jedes gefüllte Ei legen

2. Tamagoyaki; Bento-Box gerolltes Omelett

Zutaten

- 2 große Eier
- ½ Nori
- 1 ½ Teelöffel weißer Zucker
- 1 Teelöffel Milch
- 2 Teelöffel gehackte Karotten
- 2 Teelöffel fein gehackte Frühlingszwiebeln
- 2 Esslöffel Rapsöl

Richtungen

a) In einer sauberen kleinen Schüssel Ei, Milch, Zucker und Nori verquirlen. Beiseite legen

b) Das Öl in einer großen, sauberen beschichteten Pfanne erhitzen

c) Zwiebeln und Karotten darin 1 Minute anbraten

d) Vom Herd nehmen und Inhalt in die Eimischung gießen. Gut umrühren und zurück in den gefetteten Topf gießen

e) Wenn sich das Ei zu bilden beginnt, rollen Sie es zu einem Wrap

f) 2 Minuten anbraten und durchgaren lassen

g) Auf einen flachen Teller geben und in Rollen schneiden

h) Habe Spaß!

3. Dorayaki, lockere japanische Pfannkuchen

Zutaten

- 1 Tasse. Selbstaufgehendes Mehl
- Eine Prise Salz
- $\frac{1}{4}$ Teelöffel Zimtpulver
- 3 große Eier.
- $\frac{1}{2}$ Teelöffel Backpulver
- $\frac{1}{2}$ Tasse Zucker oder Honig
- 4 EL Milch
- $\frac{1}{2}$ Pfund Anko (süßes Azukibohnenpüree)
- 2 Tasse. Pflanzenöl zum Braten

Richtungen

a) Fügen Sie den aufgeschlagenen Eiern Zucker hinzu und schlagen Sie ihn, bis er vermischt ist

b) Lassen Sie das Backpulver in Wasser auflösen und fügen Sie es der Eimischung hinzu

c) Für eine bessere Einarbeitung das gesiebte Mehl nach und nach unter Rühren unterheben

d) Eine beschichtete Pfanne mit etwas Öl auspinseln und erhitzen

e) Eine Kelle Teig in die Pfanne geben und anbraten. Umdrehen, um die andere Seite zu machen

f) Entfernen, wenn leicht gebräunt

g) Restlichen Teig ebenso ausbacken

h) Wenn Sie fertig sind, geben Sie die Anko-Bohnenpaste auf jeden Pfannkuchen und bedecken Sie ihn mit einem anderen. Mach ein Sandwich.

4. Japanisches Omelett

Portionsgröße: 1

Zutaten:

- Sojasauce, ein Esslöffel
- Eier, vier
- Zucker, ein Esslöffel
- Mirin, ein Esslöffel
- Salz, nach Bedarf
- Speiseöl, nach Bedarf

Richtungen:

a) Fügen Sie je einen Esslöffel Sojasauce, Mirin und Zucker sowie etwas Salz zu Ihrer Eiermischung hinzu.

b) Geben Sie eine kleine Menge Speiseöl in Ihre Pfanne und bringen Sie es auf mittlere Hitze. Halten Sie etwas Küchenrolle bereit, um die Pfanne während des Kochens geölt zu halten.

c) Geben Sie eine kleine Menge Ihrer Eiermischung in die erhitzte Pfanne. Sobald das Ei leicht gekocht ist, so dass die Oberseite noch leicht ungekocht ist, schieben Sie es an den Rand Ihrer Pfanne.

d)   Mit der Küchenrolle etwas mehr Öl in die Pfanne geben und eine weitere kleine Menge der Eiermischung in die Pfanne geben.

e)   Sie können dann beginnen, das erste Stück Ei über die Mischung zu rollen, die Sie gerade in die Pfanne gegeben haben, bis Sie eine kleine Eirolle haben.

5. Pfannkuchen nach japanischer Art

Portionsgröße: 4

Zutaten:

- Milch, eineinhalb Tassen
- Backpulver, zwei Teelöffel
- Zucker, drei Esslöffel
- Koscheres Salz, halbe Teelöffel
- Ungesalzene Butter, vier Esslöffel
- Eier, vier
- Vanilleextrakt, ein Teelöffel
- Weinstein, ein Viertel Teelöffel
- Ahornsirup nach Bedarf
- Allzweckmehl, eineinhalb Tassen

Richtungen:

a) Mehl, Zucker, Backpulver und Salz in einer großen Schüssel verquirlen.

b) Milch, geschmolzene Butter, Vanille und Eigelb in einer mittelgroßen Schüssel verquirlen, bis alles vermischt ist.

c) Eiweiß und Weinstein in einer anderen großen Schüssel schlagen.

d) Rühren Sie die Milchmischung in die Mehlmischung, bis sie sich gerade verbunden hat. Dann das restliche Eiweiß vorsichtig unterheben, bis es sich gerade vermischt hat.

e) Legen Sie die vorbereiteten Ringformen in die Mitte der Pfanne und füllen Sie jede mit einer halben Tasse Teig.

f) Auf beiden Seiten goldbraun backen.

6. Japanische Frühstücksreisschüssel

Portionsgröße: 1

Zutaten:

- Ei, eins
- Dünn geschnittenes Nori nach Bedarf
- Hondashi, eine Prise
- Mirin, halbe Teelöffel
- Sojasauce, halbe Teelöffel
- MSG, eine Prise
- Furikake, nach Bedarf
- Gekochter weißer Reis, eine Tasse

Richtungen:

a) Reis in eine Schüssel geben und in der Mitte eine flache Schaufel machen.

b) Brechen Sie das ganze Ei in die Mitte.

c) Mit einem halben Teelöffel Sojasauce, einer Prise Salz, einer Prise MSG, einem halben Teelöffel Mirin und einer Prise Hondashi würzen.

d) Mit Stäbchen kräftig umrühren, um das Ei einzuarbeiten; Es sollte blassgelb, schaumig und flauschig in der Textur werden.

e) Abschmecken und nach Bedarf würzen.

f) Mit Furikake und Nori bestreuen, oben eine kleine Kugel machen und das andere Eigelb hinzufügen.

g) Ihr Gericht ist servierbereit.

7. Tamagoyaki

Portionsgröße: 2

Zutaten:

- Eier, drei
- Olivenöl, ein Teelöffel
- Shirodashi, zwei Teelöffel
- Salz, Prise
- Wasser, zwei Esslöffel

Richtungen:

a) Die Eier in eine mittelgroße Rührschüssel aufschlagen.

b) Fügen Sie Gewürze hinzu und mischen Sie alles vorsichtig zusammen, um zu vermeiden, dass sich zu viele Blasen bilden.

c) Die Eiermasse einige Male durch ein Sieb streichen.

d) Etwa zwei Esslöffel Öl in eine kleine Schüssel geben und Küchenpapier einweichen und beiseite stellen.

e) Erhitzen Sie zwei Teelöffel Olivenöl in der Bratpfanne bei mittlerer Hitze, bis Sie die Hitze spüren, wenn Sie Ihre Hand über die Pfanne halten.

f) Gießen Sie ein Viertel der Eiermischung in die Pfanne.

g) Bläschen, die sich gebildet haben, mit der Kante der Essstäbchen aufbrechen und vorsichtig und leicht rühren.

8. Tonkatsu

Portionsgröße: 4

Zutaten:

- Eier, zwei
- Mehl, nach Bedarf
- Tonkatsu-Sauce zum Servieren
- Geschredderter Napa-Kohl, nach Bedarf
- Semmelbrösel nach Bedarf
- Schweinerücken, vier Stück
- Öl zum braten
- Salz, Prise
- Pfeffer, nach Bedarf

Richtungen:

a) Stampfen, um das Lendenkotelett auf etwa einen halben Zentimeter flach zu drücken. Beide Seiten jedes Schnitzels salzen und pfeffern.

b) Beides in Mehl wenden, dann in verquirlte Eier tauchen und in Semmelbröseln drücken, um beide Seiten zu bestreichen.

c) Eine große Pfanne mit etwa einem halben Zoll Öl erhitzen, bis sie heiß ist.

d) Die Koteletts in das heiße Öl legen. Frittieren bis sie goldbraun sind.

e) Die Koteletts auf Küchenpapier abtropfen lassen und das Schweinefleisch in mundgerechte Streifen schneiden, die mit Stäbchen gegessen werden können.

f) Das Schweinefleisch auf einer mit dem zerkleinerten Kohl ausgelegten Platte anrichten und mit Zitronenschnitzen garnieren.

9. Japanisches Ei-Omelette-Sandwich

Portionsgröße: 2

Zutaten:

- Eier, zwei
- Japanische Suppenbrühe, halbe Teelöffel
- Heißes Wasser, ein Teelöffel
- Sojasauce, ein Teelöffel
- Mayonnaise, nach Bedarf
- Brotscheiben, vier
- Öl zum braten
- Salz, Prise
- Pfeffer, nach Bedarf

Richtungen:

a) Den japanischen Suppenfond in heißem Wasser schmelzen und kühl stellen.

b) Alle Zutaten mit einem Schneebesen verrühren.

c) Öl dünn in einen 12 cm × 12 cm großen hitzebeständigen Behälter geben.

d) Wickeln Sie den Behälter ein und erwärmen Sie ihn eine Minute und dreißig Sekunden in der Mikrowelle.

e) Nehmen Sie es heraus und bewahren Sie es kühl auf. Überschüssige Feuchtigkeit mit Küchenpapier abwischen.

f) Die Mayonnaise auf einer Seite der Brote verteilen. Omelette anrichten und in vier Stücke schneiden.

g) Ihr Gericht ist servierfertig.

10. Japanisches gerolltes Omelett

Portionsgröße: 4

Zutaten:

- Eier, sechs
- Daikon, zum Servieren
- Sojasauce, ein Teelöffel
- Salz, ein Teelöffel
- Mirin, ein Esslöffel
- Puderzucker, ein Esslöffel
- Shiso geht nach Bedarf
- Öl zum braten

Richtungen:

a) Die Dashi-Brühe mit Mirin, Zucker, Sojasauce und Salz verrühren.

b) Zu den geschlagenen Eiern geben und gut verrühren. Die Omelettpfanne bei mittlerer Hitze erhitzen.

c) Gießen Sie etwas Eimischung hinein und kippen Sie die Pfanne, um sie gleichmäßig zu beschichten.

d) Lassen Sie das gerollte Omelett in der Pfanne und schieben Sie es auf die am weitesten von Ihnen entfernte Seite zurück.

e) Gießen Sie wieder etwas Eimasse in die leere Seite, heben Sie die erste Rolle mit Stäbchen an und lassen Sie die Eimasse darunter laufen.

f) Wiederholen Sie den Vorgang, bis die gesamte Eimischung aufgebraucht ist.

11. Hiroshima Okonomiyaki

Portionsgröße: 2

Zutaten:

- Wasser, zwei Esslöffel
- Eier, drei
- Speck, sechs Streifen
- Kohl, 150g
- Okonomiyaki-Mehl, halbe Tasse
- Okonomiyaki-Sauce, zwei Esslöffel
- Bonitoflocken nach Bedarf
- Yakisoba-Nudeln, zwei Tassen
- Eingelegter Ingwer, ein Teelöffel
- Aonori-Algen nach Bedarf

Richtungen:

a) Mischen Sie das Okonomiyaki-Mehl mit dem Wasser und einem Ei, bis Sie einen glatten Teig ohne Klumpen haben.

b) Etwas weniger als die Hälfte des Teigs in einem schönen gleichmäßigen Kreis in eine Pfanne geben.

c) Die Hälfte des Kohls und die Hälfte der Sojasprossen auf den Teig geben und dann den Speck.

d) Gießen Sie einen Esslöffel des Teigs auf die Mischung und lassen Sie ihn vor dem Wenden etwa zehn Minuten kochen.

e) Kochen Sie eine Portion Yakisoba und geben Sie das Okonomiyaki auf die Nudeln.

f) Schlagen Sie ein Ei in einer Schüssel auf und brechen Sie das Eigelb, bevor Sie es in die erste Pfanne neben das Okonomiyaki gießen.

g) Legen Sie das Okonomiyaki über das Ei und lassen Sie es zwei Minuten kochen.

h) Garnieren und servieren.

12. Gebratener Reis nach japanischer Hibachi-Art

Portionsgröße: 4

Zutaten:

- Geröstetes Sesamöl, ein Esslöffel
- Salz, nach Bedarf
- Gemahlener schwarzer Pfeffer, nach Bedarf
- Eier, zwei
- Gekochter Reis, vier Tassen
- Sojasauce, zwei Esslöffel
- Gehackte Zwiebel, eine
- Butter, vier Esslöffel

Richtungen:

a) Eier, Salz und gemahlenen schwarzen Pfeffer leicht verquirlen.

b) Gib einen Esslöffel Butter in den erhitzten Wok oder die Pfanne. Sobald die Butter geschmolzen ist, die Eier hinzufügen und rühren.

c) Fügen Sie einen weiteren Esslöffel Butter in den erhitzten Wok hinzu. gehackte Zwiebel hinzufügen. Fügen Sie die restliche Butter hinzu und fügen Sie den gekochten Reis hinzu.

d) Fügen Sie die Sojasauce und das geröstete Sesamöl mit dem Reis hinzu.

e) Sobald der gebratene Reis leicht gebräunt ist, fügen Sie das Ei hinzu und rühren Sie um, um es gleichmäßig zu verteilen.

f) Warm mit etwas leckerer Soße servieren.

13. Japanische Frühstückspfanne

Portionsgröße: 2

Zutaten:

- Japanische Süßkartoffel, halbe Tasse
- Geschnittene Karotten, halbe Tasse
- Frischer Ingwer, halbe Teelöffel
- Mirin, eine viertel Tasse
- Geschnittene Pilze, eine Tasse
- Tamari, zwei Esslöffel
- Weiße Zwiebeln, halbe Tasse
- Sesamöl, zwei Esslöffel
- Bio-Tempeh, ein Block
- Gemüsebrühe, zwei Tassen

Richtungen:

a) In einem mittelgroßen Topf, der in den Tempeh-Block passt, Tempeh und Gemüsebrühe mischen und zum Kochen bringen.

b) Sofort auf Hitze reduzieren und fünfzehn Minuten leicht köcheln lassen. Zum Schluss in kleine Würfel schneiden und beiseite stellen.

c) Erhitzen Sie das Öl in einer großen Pfanne und fügen Sie dann die gewürfelten Kartoffeln und die geschnittenen Karotten hinzu. Stellen Sie die Hitze auf mittelhoch ein und kochen Sie 15 Minuten lang, bis das Gemüse eine schöne, goldene Farbe hat.

d) Zwiebeln und Tempeh dazugeben und etwa drei Minuten weiter sautieren.

e) Kohl, Knoblauch, Ingwer und Pilze hinzugeben und kurz umrühren. Die Pfanne sollte sehr trocken sein.

f) Jetzt mit Mirin und Tamari ablöschen.

g) Rühren Sie für ein paar Minuten, um alles in der Glasur zu beschichten.

h) Ihr Gericht ist servierfertig.

14. Omurice

Portionsgröße: 2

Zutaten:

- Hähnchen ohne Knochen, ein Pfund
- Olivenöl, ein Esslöffel
- Gemischtes Gemüse, halbe Tasse
- Nach Bedarf salzen und pfeffern
- Gekochter japanischer Reis, eineinhalb Tassen
- Sojasauce, ein Teelöffel
- Ketchup, ein Esslöffel
- Milch, zwei Esslöffel
- Eier, zwei
- Käse, eine Handvoll

Richtungen:

a) Das Öl erhitzen und die Zwiebel anschwitzen, bis sie weich ist. Fügen Sie das Huhn hinzu

b) Das gemischte Gemüse dazugeben und mit Salz und Pfeffer würzen.

c) Den Reis hinzugeben und in kleine Stücke brechen.

d) Ketchup und Sojasauce hinzugeben und alles mit einem Pfannenwender gleichmäßig vermengen.

e) Das Olivenöl in der Pfanne bei mittlerer Hitze erhitzen.

f) Wenn die Pfanne heiß ist, gießen Sie die Eiermischung in die Pfanne und kippen Sie sie, um den Boden der Pfanne zu bedecken. Reduzieren Sie die Hitze, wenn der Boden des Eies fest ist.

g) Den Käse und den geteilten gebratenen Reis auf das Omelett geben.

15. Okonomiyaki

Portionsgröße: 4

Zutaten:

- Dashi, eine Tasse
- Austernsauce, ein Esslöffel
- Nagaimo, nach Bedarf
- Salz, nach Bedarf
- Mehl eineinhalb Tassen
- Zucker, halbe Teelöffel
- Backpulver, halbe Teelöffel
- Geschnittener Schweinebauch, halbes Pfund
- Milch, zwei Esslöffel
- Eier, vier
- Kohl, eins

Richtungen:

a) Alle Teigzutaten mischen.

b) Das geriebene Nagaimo und das Dashi in die Schüssel geben.

c) Mischen Sie alles zusammen, bis es kombiniert ist.

d) Nehmen Sie den Teig aus dem Kühlschrank und fügen Sie Eier, Tempurareste und eingelegten roten Ingwer in die Schüssel. Gut mischen, bis alles gut vermischt ist.

e) Gehackten Kohl zum Teig geben. Mischen Sie gut, bevor Sie den Rest hinzufügen.

f) In einer großen Pfanne Pflanzenöl bei mittlerer Hitze erhitzen. Den Teig gleichmäßig verteilen.

g) Legen Sie den in Scheiben geschnittenen Schweinebauch auf das Okonomiyaki und garen Sie es abgedeckt fünf Minuten lang.

h) Drücken Sie vorsichtig auf das Okonomiyaki. Abdecken und weitere fünf Minuten garen.

16. Bento-Ramen-Eier

Zutaten

- 6 große Eier
- 1 Esslöffel Backpulver
- Würzsauce
- $\frac{1}{4}$ Tasse. Gunst
- $\frac{1}{4}$ Tasse Suppengrundlage mit Mizkan-Bonito-Geschmack oder eine andere Suppengrundlage
- 5 Esslöffel Sojasauce
- 4 Esslöffel Mirin

Richtungen

a) In einem kleinen Topf Wasser dazugiessen, Natron zugeben, aufkochen. Fügen Sie die Eier hinzu und kochen Sie 10 Minuten lang, wenn das Wasser kocht

b) In einem anderen Topf alle Saucenzutaten einrühren und 5 Minuten kochen lassen. Schalten Sie die Hitze aus und setzen Sie sie zum Abkühlen hin

c) Wenn das Ei fertig ist, herausnehmen und eiskühlen. Die Schale aufbrechen und schälen, in einen Behälter geben

d) Gießen Sie die abgekühlte Sauce über die Eier und achten Sie darauf, dass die Eier vollständig in die Sauce eingetaucht sind. Lassen Sie es über Nacht im Kühlschrank

e) Wenn Sie fertig sind, nehmen Sie sie aus dem Kühlschrank, schneiden Sie sie in zwei Hälften und servieren Sie sie

17. Japanisches Eier-Oyakadon

Zutaten

- 1 großer Hähnchenschenkel ohne Knochen. Schön mundgerecht geschnitten
- 3 große Eier, geschlagen
- 2 $\frac{1}{4}$ Esslöffel Mirin
- $\frac{1}{2}$ Tasse. Dashi
- 2 Schüssel. Gekochter Reis (Kurzkorn)
- 2 $\frac{1}{4}$ Esslöffel Sojasauce
- 1 große gelbe Zwiebel, in dünne Scheiben geschnitten
- 1 Frühlingszwiebel, (grüner Teil) schön in Scheiben geschnitten
- $\frac{1}{2}$ Teelöffel Zucker
- 1 $\frac{1}{4}$ Esslöffel japanischer Sake

Richtungen

a) Mirin und Sake in einen Topf geben und bei schwacher Hitze aufkochen

b) Fügen Sie Sojasauce, Dashi, Zucker und Zwiebeln hinzu. 3 Minuten kochen

c) Das Hähnchen hineingeben und 5 Minuten anbraten

d) Frühlingszwiebeln dazugeben, verquirlte Eier hineinträufeln, (nicht umrühren)

e) Wenn das Ei zu stocken beginnt, schalten Sie bitte die Hitze aus

f) Den gekochten Reis in einer Schüssel anrichten und den Eiinhalt darüber gießen

VEGETERISCH

18. Tofu in schwarzer Pfeffersoße

Zutaten

- 1 Tasse. Maisstärke
- 1 $\frac{1}{2}$ Teelöffel weißer Pfeffer
- 16 Unzen fester Tofu, perfekt entwässert
- 4 EL Pflanzenöl
- 1 Teelöffel koscheres Salz
- 2 Frühlingszwiebeln, fein geschnitten
- 3 rote Chilischoten, entkernt und schön in Scheiben geschnitten

Richtungen

a) Stellen Sie sicher, dass der Tofu gut abgetropft ist und tupfen Sie ihn mit einem Papiertuch trocken. Sie können ein schweres Schneidebrett darauf drücken, um die gesamte Flüssigkeit herauszubekommen.

b) Den Tofu in feine, stabile Würfel schneiden

c) Maisstärke mit weißem Pfeffer und Salz mischen.

d) Den Tofu in die Mehlmischung geben, darauf achten, dass die Würfel gut bedeckt sind.

e) Setzen Sie sie für 2 Minuten in einen Ziploc-Beutel

f) Gießen Sie das Öl in eine beschichtete Pfanne, wenn es heiß ist, braten Sie die Tofuwürfel zu knusprigen Würfeln

g) Portionsweise anbraten u

h) Mit geschnittenem Pfeffer und Frühlingszwiebeln garnieren

19. Agedashi-Tofu

Portionsgröße: 3

Zutaten:

- Aromatisiertes Öl, drei Tassen
- Maisstärke, vier Esslöffel
- Sojasauce, zwei Esslöffel
- Katsuobishi, nach Bedarf
- Tofu, ein Block
- Mirin, zwei Esslöffel
- Rettich nach Bedarf
- Frühlingszwiebeln, nach Bedarf
- Shichimi Togarashi, eine Handvoll
- Dashi, eine Tasse

Richtungen:

a) Wickeln Sie den Tofu mit drei Lagen Küchenpapier ein und legen Sie einen weiteren Teller darauf. Das Wasser aus dem Tofu 15 Minuten lang abgießen.

b) Den Rettich schälen und raspeln und das Wasser vorsichtig auspressen. Die Frühlingszwiebel in dünne Scheiben schneiden.

c) Dashi, Sojasauce und Mirin in einen kleinen Topf geben und zum Kochen bringen.

d) Nimm den Tofu von Küchenpapier und schneide ihn in acht Stücke.

e) Den Tofu mit Kartoffelstärke bestreichen, überschüssiges Mehl zurücklassen und sofort frittieren, bis er hellbraun und knusprig wird.

f) Den Tofu herausnehmen und überschüssiges Öl auf einem mit Papiertüchern ausgelegten Teller oder einem Kuchengitter abtropfen lassen.

g) Zum Servieren den Tofu in eine Servierschüssel geben und die Sauce vorsichtig darübergießen, ohne den Tofu zu benetzen.

20. Sesam-Shiso-Reis

Zutaten

- 2 Tassen. gekochter Reis (Kurzkorn)
- 12 Shiso-Blätter
- 6 Stück Umeboshi, entsteint und gehackt
- 2 Esslöffel Sesamsamen, schön geröstet

Richtungen

a) In einer sauberen, tiefen Schüssel den gekochten Reis, Umeboshi, Shiso-Blätter und Sesamsamen mischen.
b) Dienen

21. Japanischer Kartoffelsalat

Zutaten

- 2 Pfund Rotkartoffel. Geschält, gekocht und püriert
- 3 Gurken. Fein geschnitten
- $\frac{1}{4}$ Teelöffel Meersalz
- 3 Teelöffel Reisweinessig
- 1 Esslöffel japanischer Senf
- 7 Esslöffel japanische Mayonnaise
- 2 Karotten. Geviertelt und in dünne Scheiben geschnitten
- 1 rote Zwiebelknolle. Fein geschnitten

Richtungen

a) Legen Sie die geschnittenen Gurken in eine Schüssel, streuen Sie etwas Salz darüber und lassen Sie sie 12 Minuten lang stehen. Überschüssiges Wasser abgießen und die Gurken in einem Papiertuch trocknen

b) Senf, Mayonnaise und Essig in einer kleinen Schüssel mischen

c) In einer anderen großen Schüssel Kartoffelpüree, Mayo-Mischung, Gurken und Karotten unterheben. Gut umrühren, um eine gleichmäßige Mischung zu erreichen

22. Mit Soja marinierte Pilze

Zutaten

- 4 Packungen Enoki-Pilze oder Ihren bevorzugten Pilz
- 2 Esslöffel Sojasauce
- 3 EL Sonnenblumenöl
- 3 Esslöffel Reisessig
- 3 Esslöffel Mitsuba. Schön gehackt
- 2 rote Chilischote.
- Koscheres Salz
- 2 Esslöffel grünes Shiso. Fein gehackt

Richtungen

a) Bei schwacher Hitze das Öl in einen Topf geben und erhitzen

b) Die Pilze in das heiße Öl geben und unter Rühren braten, bis das gesamte Öl absorbiert ist

c) Schalten Sie die Hitze aus und rühren Sie Sojasauce, Essig, Shiso, Mitsuba, Salz und Pfeffer ein.

d) Nach dem Abkühlen servieren oder im Kühlschrank aufbewahren.

23. Natto

Portionsgröße: 1

Zutaten:

- Frühlingszwiebeln zum Garnieren
- Natto, ein Esslöffel
- Sojasauce, halbe Teelöffel
- Saikkyo, anderthalb Teelöffel
- Tofu, halber Block
- Miso, zwei Esslöffel
- Wakame-Samen, eine Handvoll
- Dashi, zwei Tassen

Richtungen:

a) Bringen Sie das Dashi in einem Suppentopf zum Köcheln und geben Sie einen Löffel Natto in die Flüssigkeit. Zwei Minuten köcheln lassen.

b) Geben Sie die Miso-Pasten in den Topf und verwenden Sie die Rückseite eines Löffels, um die Pasten im Dashi aufzulösen.

c) Das Wakame und den Tofu hinzugeben und weitere 30 Sekunden köcheln lassen.

d) Mit Frühlingszwiebeln garnieren.

e) Sofort servieren.

24. Nasu Dengaku

Portionsgröße: 4

Zutaten:

- Japanische Aubergine, drei
- Aromatisiertes Öl, ein Esslöffel
- Sake, zwei Esslöffel
- Zucker, zwei Esslöffel
- Miso, vier Esslöffel
- Sesamsamen, nach Bedarf
- Tofu, ein Block
- Mirin, zwei Esslöffel
- Daikon-Rettich, drei
- Konnyaku, eine Handvoll

Richtungen:

a) Kombinieren Sie Sake, Mirin, Zucker und Miso in einem Topf.

b) Alles gut vermischen und dann auf niedrigster Stufe leicht köcheln lassen. Ständig umrühren und einige Minuten kochen.

c) Wickeln Sie den Tofu mit zwei Blättern Küchenpapier ein und drücken Sie den Tofu 30 Minuten lang zwischen zwei Tellern aus.

d) Tofu und Auberginen auf ein mit Pergamentpapier oder Silikonbackblech ausgelegtes Backblech mit Rand legen. Mit einem Pinsel Pflanzenöl auf die Ober- und Unterseite von Tofu und Auberginen auftragen.

e) Bei 400 Grad zwanzig Minuten backen oder bis die Auberginen weich sind.

f) Etwas Misoglasur vorsichtig auf Tofu und Auberginen geben und gleichmäßig verteilen. Fünf Minuten grillen.

RIND, HÜHNER, SCHWEINE UND MEERESFRÜCHTE

25. Gebackenes Hähnchen-Katsu

Portionsgröße: 4

Zutaten:

- Hähnchenbruststücke ohne Knochen, ein Pfund
- Panko, eine Tasse
- Allzweckmehl, halbe Tasse
- Wasser, ein Esslöffel
- Ei, eins
- Salz und Pfeffer nach Geschmack
- Tonkatsu-Sauce nach Bedarf

Richtungen:

a) Panko und Öl in eine Pfanne geben und bei mittlerer Hitze goldbraun rösten. Panko in eine flache Schüssel umfüllen und abkühlen lassen.

b) Die Hähnchenbrust buttern und halbieren. Salz und Pfeffer auf beiden Seiten des Hähnchens würzen.

c) In einer flachen Schüssel Mehl hinzufügen und in einer anderen flachen Schüssel Ei und Wasser verquirlen.

d) Jedes Hühnchenstück in Mehl wenden und überschüssiges Mehl abschütteln. In die Eimischung tauchen und dann mit dem gerösteten Panko bestreichen und fest andrücken, damit es am Hähnchen haftet.

e) Legen Sie die Hähnchenteile für etwa zwanzig Minuten auf das vorbereitete Backblech. Sofort servieren oder auf ein Kuchengitter geben, damit der Boden des Katsu nicht durch die Feuchtigkeit durchnässt wird.

26. Hayashi Hackfleisch-Curry

Portionsgröße: 2

Zutaten:

- Zwiebel, eins
- Karotten, halbe Tasse
- Hackfleisch, halbes Pfund
- Rapsöl, ein Esslöffel
- Ketchup, zwei Esslöffel
- Salz und Pfeffer nach Geschmack
- Maisstärke, ein Teelöffel
- Rinderbrühe, eine Tasse
- Sake, ein Esslöffel
- Gekochtes Ei, eins

Richtungen:

a) Ei kochen und in kleine Stücke schneiden oder mit einer Gabel zerdrücken. Mit Salz und Pfeffer gut würzen.

b) Öl erhitzen und Zwiebeln und Karotten hinzugeben.

c) Maisstärke auf das Hackfleisch streuen und zum Gemüse geben. Fügen Sie eine viertel Tasse Rinderbrühe hinzu und zerkleinern Sie das Hackfleisch unter Rühren.

d) Rinderbrühe, Ketchup, Sake und Worcestershire-Sauce hinzugeben.

e) Gut mischen und zehn Minuten kochen lassen oder bis die gesamte Flüssigkeit verdampft ist. Mit Salz und Pfeffer würzen.

f) Zwiebeln in einer separaten Pfanne knusprig braten.

27. Teriyaki-Hühnerfleisch

Portionsgröße: 2

Zutaten:

- Sesamöl, ein Teelöffel
- Brokkoli zum Servieren
- Honig, ein Esslöffel
- Ketchup, zwei Esslöffel
- Salz und Pfeffer nach Geschmack
- Maisstärke, ein Teelöffel
- Gekochter weißer Reis, eine Tasse
- Knoblauch und Ingwer, ein Esslöffel
- Gekochtes Ei, eins
- Sojasauce, ein Esslöffel

Richtungen:

a) In einer mittelgroßen Schüssel Sojasauce, Reisessig, Öl, Honig, Knoblauch, Ingwer und Maisstärke verquirlen.

b) In einer großen Pfanne bei mittlerer Hitze Öl erhitzen. Hähnchen in die Pfanne geben und mit Salz und Pfeffer würzen. Kochen, bis sie goldbraun und fast durchgegart sind.

c) Das Hähnchen zudecken und köcheln lassen, bis die Sauce leicht eingedickt und das Hähnchen durchgegart ist.

d) Mit Sesam und Frühlingszwiebeln garnieren.

e) Über Reis mit gedämpftem Brokkoli servieren.

28. Japanische Lachsschale

Portionsgröße: 4

Zutaten:

- Chilisauce, ein Teelöffel
- Sojasauce, ein Teelöffel
- Reis, zwei Tassen
- Sesamöl, ein Esslöffel
- Ingwer, zwei Esslöffel
- Salz und Pfeffer nach Geschmack
- Sesamsamen, ein Teelöffel
- Essig, ein Teelöffel
- Geschreddertes Nori nach Bedarf
- Lachs, halbes Pfund
- Geschredderter Kohl, eine Tasse

Richtungen:

a) Den Reis, drei Tassen Wasser und einen halben Teelöffel Salz in einen großen Topf geben und zum Kochen bringen und fünfzehn Minuten kochen lassen oder bis das Wasser absorbiert ist.

b) Essig, Sojasauce, Chilisauce, Sesamöl, Sesamsamen und Ingwer in eine Schüssel geben und gut vermischen.

c) Fügen Sie den Lachs hinzu und rühren Sie vorsichtig um, bis er vollständig bedeckt ist.

d) Den zerkleinerten Kohl und das Sesamöl in eine Schüssel geben und gut vermischen.

e) Geben Sie einen großen Löffel Reis in jede Schüssel, fügen Sie den Kohl hinzu und drücken Sie die Mayonnaise darüber.

29. Gebratene Garnelen und Gemüse

Portionsgröße: 4

Zutaten:

- Limettensaft, drei Esslöffel
- Garnelen, zwei Pfund
- Salz und Pfeffer nach Geschmack
- Chili, ein Esslöffel
- Mischen Sie Gemüse, eine Tasse
- Sashimi, halbes Pfund
- Eier, drei
- Mirin, ein Teelöffel
- Sesamsamen, nach Bedarf

Richtungen:

a) Garnelen mit Gewürzen, Limettensaft und Olivenöl marinieren.

b) In der Zwischenzeit das Gemüse würfeln und in Scheiben schneiden.

c) Einen Esslöffel Olivenöl in eine Pfanne geben und auf mittlere Hitze bringen.

d) Braten Sie das Gemüse an, bis es eine goldene Farbe erhält und weich ist. Herausnehmen und in einer Schüssel beiseite stellen.

e) Braten Sie die Garnelen in derselben Pfanne an, bis sie vollständig gekocht sind. Dann das Keksgemüse zurück in die Pfanne geben und mit den Garnelen zwei Minuten anbraten.

f) Herausnehmen und servieren.

30. Huhn im Topf/Mizutaki

Portionsgröße: 4

Zutaten:

- Negi, eins
- Mizuna, vier
- Chinakohl, acht
- Karotte, halbe Tasse
- Hähnchenschenkel, ein Pfund
- Kombu, halbes Pfund
- Sake, ein Teelöffel
- Ingwer, ein Teelöffel
- Sesamsamen, nach Bedarf

Richtungen:

a) Mische alle Zutaten.

b) Fügen Sie in einer großen Schüssel fünf Tassen Wasser und Kombu hinzu, um kaltes Kombu Dashi zuzubereiten. Beiseite stellen, während Sie das Huhn zubereiten.

c) Füllen Sie einen mittelgroßen Topf mit Wasser und fügen Sie die Hähnchenschenkelstücke mit Knochen und Haut hinzu. Schalten Sie die Hitze auf mittel-niedrig.

d) In das Cold Brew Kombu Dashi die soeben abgespülten Hähnchenschenkelstücke geben.

e) Fügen Sie auch den Sake der Hähnchenstücke und den Ingwer hinzu.

f) Bei mittlerer Hitze zum Kochen bringen.

g) Reduzieren Sie die Hitze auf mittel-niedrig und kochen Sie sie dreißig Minuten lang abgedeckt. Beginnen Sie während dieser Zeit mit der Zubereitung anderer Zutaten. Nach 30 Minuten die Ingwerscheiben entfernen und entsorgen.

31. Japanischer Ingwer-Wolfsbarsch

Zutaten

- 2 Teelöffel weiße Miso-Paste
- 6 Unzen. Wolfsbarsch Stück
- 1 $\frac{1}{4}$ Teelöffel Mirin
- 1 Teelöffel frischer Ingwersaft
- 1 Teelöffel Zucker
- 3 Teelöffel Sake

Richtungen

a) Kombinieren Sie in einer sauberen mittelgroßen Schüssel alle Zutaten außer dem Sake. Gut mischen und beiseite stellen.

b) Legen Sie das Fischstück in den gemischten Inhalt, fügen Sie den Sake hinzu und schwenken Sie es, bis es gut bedeckt ist

c) Legen Sie es für 4 Stunden in den Gefrierschrank

d) Den Grill vorheizen und den Fisch auf einen Rost legen

e) Grillen Sie es, werfen Sie es hin und her, bis es vollständig braun und gekocht ist.

f) Barsch auf eine Platte geben und servieren

32. Japanisches ausgefallenes Teriyaki

Zutaten

- 2 Pfund Lachs
- 3 Esslöffel gehackte Frühlingszwiebeln
- 2 Esslöffel schwarze und weiße Sesamsamen
- ½ Tasse natives Olivenöl extra
- Teriyaki Soße
- 4 EL Sojasauce
- 1 Tasse Mirin
- 2 ½ Tasse. Zucker

Richtungen

a) Machen Sie die Teriyaki-Sauce, indem Sie alle Zutaten unter der Überschrift in einen Topf geben und bei schwacher Hitze kochen, bis sie eindickt. Vom Herd nehmen und zum Abkühlen stellen

b) Gießen Sie etwas Öl in eine beschichtete Pfanne und legen Sie den Lachs hinein. Decken Sie die Pfanne ab und braten Sie den Lachs bei mäßiger Hitze, bis er gleichmäßig braun ist.

c) Auf einer Platte anrichten und die Teriyaki-Sauce darüber träufeln

d) Und mit weißem Sesam und gehackten Frühlingszwiebeln garnieren

33. Japanische Currybällchen (Kare pan)

Zutaten

- Teig
- 1 Tasse. Panko
- 2 Esslöffel Pflanzenöl
- Curry-Füllung
- 100 g Rindfleisch, gehackt
- 1 mittelgroße Zwiebel, gehackt
- 2 Kartoffeln, gekocht und püriert
- 2 Esslöffel Knoblauchpulver
- 1 Karotte. Fein gewürfelt
- 1 Esslöffel Garam Masala
- 60 g Curry-Einschwitze

Richtungen

a) Das Öl in einem sauberen, mittelgroßen Topf erhitzen, Karotten, Zwiebeln und Knoblauchpulver einrühren und weich kochen

b) Fügen Sie das Rindfleisch und etwas Wasser hinzu, um es 20 Minuten lang zu kochen

c) Hitze reduzieren und Curry und Masala unterheben. Rühren Sie es zum Mischen

d) Fügen Sie das Kartoffelpüree hinzu und mischen Sie es gut, um es zu festigen

e) Backofen auf 250 Grad vorheizen

f) Wenn die Füllung abgekühlt ist. Den Teig zu Kugeln teilen, auf einer bemehlten Fläche kneten, etwas Füllung auf das Teigstück geben und zu einer feinen, festen Kugel rollen

g) Wiederholen Sie dasselbe für den Rest, bestreichen Sie jeden mit dem Öl und werfen Sie den gefüllten Teig über den Panko

h) Teig auf ein vorbereitetes Backblech legen und 20 Minuten backen

34. Onigiri

Portionsgröße: 3

Zutaten:

- Nori-Blatt nach Bedarf
- Umeboshi, eins
- Sojasauce, halbe Teelöffel
- Mirin, halbe Teelöffel
- Thunfisch, eine Tasse
- Japanische Mayonnaise, zwei Esslöffel
- Gesalzener Lachs, ein Stück
- Gekochter Reis, zwei Tassen

Richtungen:

a) Kochen Sie den Reis gemäß Ihrem Reiskocher oder folgen Sie den Anweisungen hier, wenn Sie keinen Reiskocher haben.

b) Den gekochten Reis zum Abkühlen in eine separate Schüssel geben.

c) Bereiten Sie alle Füllungen vor, die Sie verwenden werden, und legen Sie sie beiseite.

d) Algenblatt vorbereiten.

e) Frischhaltefolie über eine Reisschüssel legen.

f) Etwas von dem gekochten Reis in die Mitte der Frischhaltefolie geben.

g) Etwa 1 Teelöffel Umeboshi auf die Mitte des Reises geben und dann rundum mit dem Reis bedecken.

h) Wickeln Sie die Frischhaltefolie über den Reis und drücken und formen Sie den Reis mit Ihren Händen in eine Dreiecksform.

i) Entfernen Sie die Frischhaltefolie und bedecken Sie den Boden des Reisdreiecks mit einem Nori-Blatt.

j) Ihr Gericht ist servierfertig.

35. Gebackener Schweinefleischgenuss mit Tonkatsu

Zutaten

- 1 ½ Tasse. Panko (japanische Semmelbrösel oder deine normalen Semmelbrösel)
- 1 großes Ei. Schön geschlagen
- 1 ½ Esslöffel neutrales Öl
- 3 Teelöffel Weißmehl
- 1 Teelöffel koscheres Salz
- 1 Esslöffel schwarzer Pfeffer
- 3 Schweinelenden ohne Knochen
- Tonkatsu Soße
- Kohlrabi (bevorzugte Menge) zum Servieren

Richtungen

a) Backofen auf 300 Grad vorheizen

b) Panko in eine trockene Pfanne geben und rösten. Rühren und Nieselregen ein wenig Öl, bis es golden wird

c) Das Schweinefleisch mit Salz und Pfeffer würzen und das Mehl darüber streuen. Stellen Sie sicher, dass alle Seiten der Schweinelenden mit dem Mehl bedeckt sind

d) Tauchen Sie die bemehlten Lendenstücke in das geschlagene Ei und werfen Sie es über den abgekühlten Panko. Darauf achten, dass alle Seiten schön mit den Krümeln bedeckt sind

e) Legen Sie das Schweinefleisch auf ein Backblech und backen Sie es je nach Dicke 40 Minuten oder länger.

f) Auf einer Platte anrichten und mit der fertigen Tonkatsu-Sauce und geriebenem Kohl servieren

JAPANISCHER SALAT

36. Japanischer Gurkensalat

Portionsgröße: 8

Zutaten:

- Erdnüsse, halbe Tasse
- Sojasauce, drei Esslöffel
- Sesamöl, ein Teelöffel
- Zucker, ein Esslöffel
- Weinessig, drei Esslöffel
- Kleine Gurke, zwölf Unzen
- Knoblauch, eins
- Frischer Koriander nach Bedarf

Richtungen:

a) Verquirlen Sie das Dressing und achten Sie darauf, es zu probieren, um alles anzupassen, was Sie mögen.

b) Die Erdnüsse in einer Küchenmaschine mit der Pulsiertaste fein mahlen.

c) Wenn Sie zuerst einen Teil der Schale entfernen möchten, können Sie mit einem Reibewerkzeug an den Seiten entlang fahren oder einfach mit den Zinken einer Gabel an den Seiten entlang fahren, um einen dekorativen Rand zu erzeugen.

d) Die Gurken in eine Schüssel geben und mit ausreichend Dressing mischen, um sie gründlich zu bestreichen, Sie benötigen möglicherweise nicht alles.

e) Mit den zerkleinerten Erdnüssen mischen, mit Chiliflocken bestreuen und mit Korianderblättern garnieren.

37. Japanischer Brunnenkresse-Salat

Portionsgröße: 2

Zutaten:

- Erdnussbutter, drei Esslöffel
- Reisessig, ein Esslöffel
- Honig, ein Teelöffel
- Zucker, ein Esslöffel
- Weinessig, drei Esslöffel
- Brunnenkresse, sechs Tassen
- Mirin, zwei Esslöffel

Richtungen:

a) In einem mittelgroßen Topf Wasser, gesalzen mit einem Esslöffel koscherem Salz, zum Kochen bringen.

b) Erdnussbutter, Honig, Reisessig, Sojasauce und Mirin in eine mittelgroße Schüssel geben.

c) Die Brunnenkresse waschen, abtropfen lassen und die Blätter von den Stielen trennen.

d) Die Stiele grob hacken und zusammen mit den Blättern in das kochende Wasser geben.

e) Kochen, bis die Stiele weich sind, aber einen weichen Knusper ergeben.

f) Abgießen, unter kaltem Wasser abspülen und überschüssiges Wasser sanft ausdrücken.

g) Die Brunnenkresse vorsichtig abtupfen, mit einem Papiertuch trocknen und in eine Rührschüssel geben.

h) Das Dressing über die Brunnenkresse gießen und schwenken, bis die Brunnenkresse gleichmäßig bedeckt ist.

38. Kani-Salat

Portionsgröße: 4

Zutaten:

- Karotte, ein Medium
- Gurke, zwei mittel
- Reife Mango, eine Tasse
- Japanische Mayonnaise, ein Esslöffel
- Halbe Zitrone
- Salz und Pfeffer nach Geschmack
- Kani, 150 g

Richtungen:

a) Karotten schälen und die Enden abschneiden.

b) Machen Sie dasselbe mit der Gurke, aber fügen Sie den Kern mit Samen nicht hinzu.

c) Zerkleinern Sie die Krabbenstäbchen von Hand, indem Sie ein Stück vorsichtig von einem Ende zum anderen drücken, um die Streifen zu lösen, und trennen Sie dann jeden Streifen voneinander.

d) Die reife Mango schälen.

e) Gurke, Karotten, Kani, Mango und japanische Mayonnaise in eine große Schüssel geben. Den Saft einer halben Zitrone darüber auspressen und schwenken.

f) Nach Bedarf mit Salz und Pfeffer würzen und nochmals schwenken, bis alle Zutaten gut vermischt sind.

g) Sofort servieren oder bis zur Zubereitung im Kühlschrank aufbewahren.

h) Auf einer Schicht Eisberg- oder Römersalat servieren.

39. Oshitashi

Portionsgröße: 1

Zutaten:

- Spinat, ein Pfund
- Sesamsamen, ein Esslöffel
- Sojasauce, ein Esslöffel
- Mirin, ein Esslöffel

Richtungen:

a) Die Sesamsamen in einer Pfanne anrösten, bis sie leicht Farbe annehmen.

b) Den Spinat in einen großen Topf mit kochendem Wasser geben und zwei bis drei Minuten kochen, bis er zusammengefallen ist.

c) Den Spinat in einem Sieb abtropfen lassen.

d) Trocken ausdrücken und in eine Schüssel geben.

e) Den gekochten Spinat mit Sojasauce, Mirin und Sesam mischen.

f) Bei Zimmertemperatur servieren.

40. Japanischer Kohlsalat

Portionsgröße: 1

Zutaten:

- Krautsalatmischung, eine Tasse
- Sesamsamen, ein Esslöffel
- Sojasauce, ein Esslöffel
- Mirin, ein Esslöffel
- Bonitoflocken nach Bedarf

Richtungen:

a) Mischen Sie alle Zutaten für das Dressing in einer Schüssel zusammen und gießen Sie es über die zerkleinerte Krautsalatmischung.

b) Gut durchschwenken und mit Sesamsamen und Bonitoflocken toppen.

41. Ramen-Nudelsalat

Portionsgröße: 1

Zutaten:

- Kohl und Zwiebel, eine Tasse
- Sesamsamen, ein Esslöffel
- Sojasauce, ein Esslöffel
- Zucker, ein Esslöffel
- Essig, ein Esslöffel
- Butter nach Bedarf
- Ramen-Nudeln, eine Packung
- Mandeln nach Bedarf

Richtungen:

a) Kombinieren Sie Öl, Essig, Zucker und Sojasauce in einem Glas und schütteln Sie, bis sich der Zucker aufgelöst hat.

b) Die Butter in einer großen Pfanne bei mittlerer Hitze schmelzen. Während die Butter schmilzt, die Ramen-Nudeln zerdrücken, während sie sich noch in der Verpackung befinden.

c) Entfernen Sie das Gewürzpaket und werfen Sie es weg.

d) Die Nudeln, Mandeln und Sesamsamen zu der geschmolzenen Butter in der Pfanne geben.

e) Unter häufigem Rühren anbraten, bis die Nudelmischung goldbraun ist.

f) Den Kohl zerkleinern und den Kohl und die Zwiebeln in einer großen Rührschüssel mischen. Die Nudelmischung hinzugeben.

g) Das Dressing über den Salat gießen und gut vermengen.

h) Sofort servieren.

42. Chimichurri-Salat mit Schweinefleisch

Portionsgröße: 2

Zutaten:

- Schweinekoteletts, ein Pfund
- Grüns, sechs Unzen
- Kirschtomaten, zwei Tassen
- Olivenöl, ein Esslöffel
- Essig, ein Esslöffel
- Petersilie, nach Bedarf
- Chipotle, halb
- Oreganoblätter nach Bedarf
- Nach Bedarf salzen und pfeffern
- Chimichurri-Dressing nach Geschmack

Richtungen:

a) In einer Küchenmaschine Olivenöl, Essig, Petersilie, Oreganoblätter und Chipotle mischen. Mit Salz und Pfeffer würzen und beiseite stellen.

b) Einen Grill vorheizen. Ein umrandetes Backblech mit Alufolie auslegen und mit Speiseöl besprühen.

c) Schweinefleisch auf das Backblech legen und von beiden Seiten mit Salz und Pfeffer bestreuen. Grillen, bis die Innentemperatur 145 Grad erreicht, fünf Minuten pro Seite. Nehmen Sie das Schweinefleisch aus dem Grill und lassen Sie es fünf Minuten ruhen.

d) In der Zwischenzeit in einer großen Schüssel Gemüse, Kirschtomaten, Käse und Chimichurri-Dressing nach Geschmack mischen. Salat auf Tellern oder einer Platte anrichten.

e) Auf dem Salat anrichten, mit zusätzlichem Dressing beträufeln und servieren.

43. Frühlingsgrüner Salat

Portionsgröße: 4

Zutaten:

- Salatkartoffeln, halbes Pfund
- Petits pois, halbe Tasse
- Spargel, halbe Tasse
- Olivenöl, vier Esslöffel
- Kürbiskerne, ein Esslöffel
- Frühlingszwiebeln, vier
- Baby-Zucchini, eine Tasse
- Vollkornsenf nach Bedarf
- Nach Bedarf salzen und pfeffern
- Honig, nach Geschmack
- Zitronensaft, nach Bedarf

Richtungen:

a) Für das Dressing alle Zutaten in einen Mixer geben und zu einer glatten und emulgierten Masse verarbeiten.

b) Die Kartoffeln in leicht gesalzenem kochendem Wasser zehn Minuten kochen, oder bis sie gerade weich sind, die letzten zwei Minuten die Petits Pois hinzufügen.

c) Eine große Grillpfanne oder eine Bratpfanne mit schwerem Boden erhitzen, bis sie heiß ist. Fügen Sie einen Esslöffel Olivenöl hinzu und fügen Sie den Spargel in einer einzigen Schicht hinzu.

d) Kochen Sie für fünf Minuten oder bis leicht verkohlt. Aus der Pfanne nehmen und zur Kartoffelmasse geben.

e) Wenn sie heiß sind, die Zucchini mit der geschnittenen Seite nach unten hinzugeben und fünf Minuten garen. Mit dem Salat und den Frühlingszwiebeln zur Kartoffelmischung geben.

f) Das Dressing umrühren, dann über den Salat gießen und gut vermischen.

44. Japanischer Feldsalat

Portionsgröße: 4

Zutaten:

- Mayonnaise, ein Esslöffel
- Kohl, eins
- Mais, halbe Tasse
- Zucker, ein Esslöffel
- Salz und Pfeffer nach Geschmack
- Gemahlener Sesam, zwei Esslöffel

Richtungen:

a) Den Kohl zerkleinern und das überschüssige Wasser abtropfen lassen. Um eine schöne Textur zu erhalten, zerkleinern Sie es nicht zu dünn.

b) Für das Dressing die Zutaten miteinander vermischen.

c) In einer anderen Schüssel Kohl und Mais mischen. Das Dressing dazu und fertig.

d) Fügen Sie das Dressing kurz vor dem Servieren hinzu, da der Kohl dazu neigt, wässrig zu werden.

e) Ihr Gericht ist servierfertig.

45. Soja-Gurken-Sonomono

Zutaten

- 1 Gurke. Geschnitten
- 1 $\frac{1}{2}$ Teelöffel koscheres Salz
- 2 Teelöffel Mirin
- 4 g getrocknete Algenmischung
- 2 $\frac{1}{4}$ Teelöffel Reisessig
- 2 Teelöffel Sojasauce
- 2 Teelöffel Sesam

Richtungen

a) Kombinieren Sie in einer kleinen Schüssel Essig, Mirin und Sojasauce; beiseite legen

b) Legen Sie die geschnittenen Gurken in eine Schüssel und träufeln Sie das Salz darüber. Lassen Sie es 7 Minuten lang bedeckt, um die gesamte Flüssigkeit abzugeben

c) Das Wasser abgießen und in einer Schüssel stehen lassen

d) Die Algen in eine Schüssel mit Wasser geben und 8 Minuten stehen lassen. Lassen Sie das Wasser ab

e) Die abgetropften Gurkenscheiben und die Algen in eine Schüssel geben. Die Sojamischung darüber gießen, Sesam beträufeln

SUPPEN

46. Miso-Suppe

Portionsgröße: 4

Zutaten:

- Wasser, vier Tassen
- Misopaste, drei Esslöffel
- Frühlingszwiebeln, zwei
- Dashi-Granulat, zwei Esslöffel
- Tofu, ein Block

Richtungen:

a) In einem mittelgroßen Topf bei mittlerer Hitze Dashi-Granulat und Wasser mischen; zum Kochen bringen.

b) Hitze auf mittlere Stufe reduzieren und die Miso-Paste einrühren und dann den Tofu unterrühren.

c) Trennen Sie die Schichten der Frühlingszwiebeln und fügen Sie sie der Suppe hinzu.

d) Vor dem Servieren einige Minuten leicht köcheln lassen.

e) Ihre Suppe ist servierfertig.

47. Ochazuke

Portionsgröße: 1

Zutaten:

- Dashi, ein Esslöffel
- Sojasauce, ein Teelöffel
- Japanische grüne Teeblätter, eins
- Wasser, eine Tasse
- Salz und Pfeffer nach Geschmack
- Mirin, ein Teelöffel

Richtungen:

a) Alle Zutaten in einen kleinen Topf geben und zum Kochen bringen.

b) Gießen Sie die Suppe in eine kleine Teekanne.

c) Teeblätter in die Kanne geben.

d) Bringen Sie das Wasser auf die richtige Temperatur für Ihren Tee und gießen Sie es in die Kanne.

e) Zwei Minuten beiseite stellen.

f) Ihre Suppe ist servierfertig.

48. Ozoni

Portionsgröße: 4

Zutaten:

- Dashi, eine Tasse
- Sojasauce, ein Esslöffel
- Sake, ein Esslöffel
- Hühnerstreifen, ein Pfund
- Wasser, zwei Tassen
- Salz und Pfeffer nach Geschmack

Richtungen:

a) Alle Zutaten miteinander vermischen und köcheln lassen.

b) Ihre Suppe ist servierfertig.

49. Japanische klare Zwiebelsuppe

Portionsgröße: 5

Zutaten:

- Pflanzenöl, zwei Esslöffel
- Zwiebel, eins
- Karotte, eine Tasse
- Knoblauch-Ingwer-Paste, ein Esslöffel
- Hühnerbrühe, eine Tasse
- Rinderbrühe, eine Tasse
- Nach Bedarf salzen und pfeffern

Richtungen:

a) Stellen Sie einen großen Suppentopf bei mittlerer Hitze auf.

b) Fügen Sie das Öl hinzu und geben Sie die Zwiebel, den Knoblauch, die Karotten und den Ingwer in den Topf.

c) Braten Sie das Gemüse von allen Seiten an, um es zu karamellisieren, und achten Sie darauf, dass der Knoblauch nicht anbrennt.

d) Mit Hühnerbrühe, Rinderbrühe und Wasser aufgießen.

e) Zum Kochen bringen.

f) Die Hitze auf ein niedriges Sieden reduzieren und mindestens eine Stunde köcheln lassen.

g) Verwenden Sie einen Schaumlöffel, um das Gemüse aus der Brühe zu entfernen.

h) Abschmecken, dann nach Bedarf salzen.

i) Ihr Gericht ist servierfertig.

50. Wan-Tan-Knödelsuppe

Portion: 6

Zutaten:

- Wan-Tan-Wraps, vierundzwanzig
- Fein gehackte Frühlingszwiebel, ein Teelöffel
- Fein gehackter Ingwer, ein Teelöffel
- Sojasauce, ein Esslöffel
- Brauner Zucker, ein Teelöffel
- Hähnchenbrust, zerkleinert, zwei
- Frischer Spinat, eine Tasse
- Garnelen, ein Pfund
- Wasserkastanien, acht Unzen
- Pilz, in Scheiben geschnitten, eine Tasse
- Reiswein, ein Esslöffel
- Hackfleisch, acht Unzen

Richtungen:

a) Bringen Sie die Hühnerbrühe zum Kochen und fügen Sie dann alle Zutaten hinzu.

b) Etwa 10 Minuten kochen, bis Hähnchen und Garnelen gar sind.

c) Mischen Sie in einer Schüssel Schweinefleisch, gemahlene Garnelen, braunen Zucker, Reiswein oder Sherry, Sojasauce, Frühlingszwiebeln und gehackten Ingwer.

d) Gut mischen und 25-30 Minuten beiseite stellen, damit sich die Aromen vermischen.

e) Geben Sie einen Teelöffel der Füllung in die Mitte jeder Won-Tan-Hülle.

f) Befeuchten Sie die Ränder jedes Wontons mit etwas Wasser und drücken Sie sie mit den Fingern zusammen, um sie zu versiegeln.

g) Zum Kochen Wan Tans in die kochende Hühnerbrühe geben und 4-5 Minuten kochen lassen.

51. Kimchi und Tofu-Suppe

Portionsgröße: 2

Zutaten:

- Pflanzenöl, ein Esslöffel
- Frühlingszwiebeln, sechs
- Kimchi, halbe Tasse
- Hühnerbrühe, eine Tasse
- Sojasauce, drei Esslöffel
- Salz und Pfeffer nach Geschmack
- Knoblauch-Ingwer-Paste, ein Esslöffel
- Tofu, ein Block
- Daikon, eins

Richtungen:

a) Öl in einem großen Topf auf hoher Stufe erhitzen.

b) Kochen Sie weiße und blassgrüne Teile von Frühlingszwiebeln, Knoblauch und Ingwer unter häufigem Rühren etwa drei Minuten lang, bis sie weich sind und duften.

c) Brühe zugeben, dann die Sojasauce unterrühren.

d) Daikon hinzugeben und sanft köcheln lassen, bis der Daikon weich ist, 15 Minuten lang.

e) Kimchi und Tofu hinzugeben.

f) Köcheln lassen, bis der Tofu durchgewärmt ist.

g) Vorsichtig auf die Schalen verteilen.

h) Ihre Suppe ist servierfertig.

52. Shio Koji Pilzsuppe

Portionsgröße: 2

Zutaten:

- Suppenbrühe, zwei Tassen
- Verschiedene Pilze, zwei Tassen
- Salz und Pfeffer nach Geschmack
- Shio koji, zwei Esslöffel

Richtungen:

a) Die Champignons in dünne Scheiben oder Stücke schneiden und in reichlich Wasser etwa zwei Minuten kochen.

b) Abtropfen lassen und das Shio-Koji-Gewürz zu den heißen Pilzen geben.

c) Warten Sie etwa fünfzehn Minuten, bis sich die Aromen entwickelt haben.

d) In einem anderen Topf Suppenfond zum Kochen bringen.

e) Pilze und Salz zugeben und alles erhitzen.

f) In Schüsseln geben und mit etwas knusprigem Brot servieren.

53. Yudofu

Portionsgröße: 2

Zutaten:

- Tofu, ein Block
- Mitsuba, nach Bedarf
- Sake, ein Esslöffel
- Mirin, ein Teelöffel
- Gemüsebrühe, drei Tassen
- Wasser, eine Tasse

Richtungen:

a) Alle Zutaten gut vermischen und fünfzehn Minuten köcheln lassen.

b) Ihre Suppe ist servierfertig.

54. Ojiya-Reissuppe

Portionsgröße: 2

Zutaten:

- Japanischer Reis, eine Tasse
- Gemüsebrühe, zwei Tassen
- Gemischtes Gemüse, eine Tasse
- Sojasauce, ein Teelöffel
- Mirin, halbe Teelöffel
- Salz und Pfeffer nach Geschmack
- Wasser, zwei Tassen

Richtungen:

a) Alle Zutaten gut vermischen und fünfzehn Minuten köcheln lassen.

b) Ihre Suppe ist servierfertig.

55. Oshiruko Süße Rote Bohnensuppe

Portionsgröße: 3

Zutaten:

- Azuki süße rote Bohnen, eine Tasse
- Mochi-Reiskuchen, vier
- Gemüsebrühe, vier Tassen

Richtungen:

a) Beginnen Sie, indem Sie die Azuki und eine Tasse Wasser in eine große Pfanne geben und zum Kochen bringen. Sie können die Wassermenge anpassen, je nachdem, ob Sie eine dicke oder dünne Suppe bevorzugen.

b) Sie können die Mochi auf verschiedene Arten zubereiten, aber das Grillen liefert großartige Ergebnisse, also legen Sie die Mochi fünf bis zehn Minuten lang unter einen heißen Grill.

c) Sobald die Mochi im Grill anfangen, sich auszudehnen, sind sie fertig und können in Servierschalen gegeben werden.

d) Nachdem die Mischung aus Azuki und Wasser gekocht ist, nehmen Sie sie vom Herd und gießen Sie sie über die Mochi in den Servierschalen und genießen Sie sie.

56. Bohnenpastensuppe

Portionsgröße: 2

Zutaten:

- Bohnenpaste, fünf Esslöffel
- Gemüsesuppe, zwei Tassen
- Sojasauce, ein Teelöffel
- Mirin, ein Teelöffel
- Salz und Pfeffer nach Geschmack

Richtungen:

a) Alle Zutaten gut vermischen und fünfzehn Minuten köcheln lassen.

b) Ihre Suppe ist servierfertig.

SNACKS

57. Japanische würzige weiße Sauce

Zutaten

- 2 $\frac{1}{4}$ Tasse japanische Mayonnaise
- 1 $\frac{1}{4}$ Teelöffel Knoblauchpulver
- 1 Tasse. Ketchup
- 1 Esslöffel Paprika
- 3 $\frac{1}{4}$ Esslöffel Zucker
- 2 Teelöffel Zwiebelpulver
- 1 $\frac{1}{4}$ Teelöffel Cayennepfeffer
- 1 Teelöffel Meersalz
- 1 $\frac{1}{2}$ Teelöffel Sriracha-Sauce
- 1 Tasse. Wasser

Richtungen

a) In eine saubere große Schüssel alle Zutaten geben

b) Rühren und schlagen Sie gut, um zu mischen, bis es klumpenfrei ist

c) Stellen Sie es in den Kühlschrank, bis Sie bereit sind, es zu verwenden

d) Servieren Sie es mit Reis, Nudeln oder Gemüsesalatdressing

58. Japanische Lachs- und Gurkenbisse

Zutaten

a) 1 Gurke. Kühn geschnitten

b) $\frac{1}{2}$ Pfund Lachsfilet

c) $1\frac{1}{4}$ Teelöffel Sojasauce

d) 2 Esslöffel Frühlingszwiebeln. Fein gehackt

e) 1 Teelöffel Mirin

f) 1 Ichimi Togarashi (japanische Chilischote)

g) 1 Teelöffel Sesamöl

h) $\frac{1}{2}$ Teelöffel schwarzer Sesam

Richtungen

i) Mischen Sie in einer kleinen Rührschüssel Lachs, Sojasauce, Frühlingszwiebeln, Sesamöl und Mirin.

j) Legen Sie die Gurkenscheiben auf eine Platte, löffeln Sie eine Kugel Lachs darauf und beträufeln Sie die restlichen Frühlingszwiebeln und Sesamsamen

59. Japanische Keto-Okra-Schüssel

Zutaten

- 2 Okra-Finger
- 2 Esslöffel Sojasauce
- 2 Esslöffel Bonitoflocken
- 2 Esslöffel Swerve/Mönchsfrucht
- 2 Esslöffel Wasser
- 2 Esslöffel Sake
- 2 Teelöffel Sesam, geröstet
- 2 Esslöffel Bonitoflocken

Richtungen

a) Kochen Sie 2 Tassen Wasser auf einem Herd

b) In einem anderen Kochtopf die Sojasauce, Bonitoflocken, 2 Teelöffel Wasser, Sake einrühren, wenden und 1 Minute sautieren

c) Kehren Sie in das jetzt kochende Wasser zurück und werfen Sie die Okraschoten hinein, kochen Sie sie 3 Minuten lang oder bis sie weich sind

d) Abtropfen lassen und in kräftige Scheiben schneiden

174

e) Legen Sie die geschnittenen Okraschoten in eine Schüssel und gießen Sie die Sauce darüber

f) Mit Sesam und Bonitoflocken garnieren

60. Knuspriges Hähnchen mit Soße

Zutaten

- 1 Pfund Hähnchenschenkel oder -brust ohne Knochen. In Würfel oder Streifen schneiden
- 3 ½ Teelöffel Sojasauce
- 2 Teelöffel frisch gepresster Ingwersaft
- 3 Esslöffel japanisches Mirin
- ½ Tasse. Rapsöl zum Braten
- 8 Esslöffel japanischer Kochsake
- 3 Esslöffel Sesam
- ¼ Tasse. Maisstärke

Richtungen

a) Hühnchen in eine große Schüssel geben und mit Ingwersaft, japanischem Sake, Sojasauce und Mirin würzen. 25 Minuten marinieren

b) Die Maisstärke über das Hähnchen träufeln und darauf achten, dass es gut mit Mehl bedeckt ist. Überschüssiges Mehl abstauben und auf eine Platte legen

c) Das Öl in einer Pfanne erhitzen und das Hühnchen frittieren

d) Mischen Sie 3 Teelöffel weiße Misopaste, 3 Esslöffel Mayonnaise, 3 Teelöffel japanischen Reisessig oder Apfelessig, eine Prise Salz und 2 Teelöffel Honig

e) Bringen Sie das Huhn heraus, wenn es durchgegart und braun ist

f) Mit dem Mayo-Dip oder Ihrer bevorzugten Sauce servieren

61. Japanische Potsticker

Zutaten

- 1-Unzen-Wan-Tan-Wrapper
- 1 $\frac{1}{2}$ Tasse gehackter Kohl
- $\frac{1}{2}$ Tasse. Asiatische Frühlingszwiebeln, gehackt
- $\frac{1}{4}$ Tasse. Möhren. Gehackt
- 1 Pfund Hackfleisch
- Sesamöl
- 1 Knoblauchzehe
- 1 Knoblauch, fein gehackt
- 1 Esslöffel Sojasauce
- 1 Ingwer, gerieben

Richtungen

a) Kombinieren Sie Schweinefleisch, Karotten, Kohl, Sesamöl, Knoblauch, Sojasauce und Ingwer, bis alles gut eingearbeitet ist.

b) Die Won-Tan-Wrapper auf einer bemehlten Plattform verteilen

c) Geben Sie einen Löffel Füllung auf die Mitte jedes Wraps

d) Die Wraps mit Wasser anfeuchten und jeweils zu einem Wrap falten

e) Passen Sie die Kanten an, um ein Muster
   zu erstellen

f) Knödel in erhitztes Öl legen und
   goldbraun frittieren oder im
   Dampfgartopf garen

62. Japanische Teriyaki-Fleischbällchen

Zutaten

- 1 (30 Unzen) Pck. gefrorene Fleischbällchen
- 1 (14 Unzen) Teriyaki-Sauce oder Sie machen Ihre
- Gekochter Reis
- 1 Tasse Ananasstücke

Richtungen

a) Bei mittlerer Hitze die aufgetauten Fleischbällchen und die Teriyaki-Sauce in eine große Pfanne geben

b) Die Ananaswürfel dazugeben und umrühren. Schalten Sie die Heizung aus

c) Schöpfen Sie eine beträchtliche Portion Reis an eine Stelle und gießen Sie die fertigen Fleischbällchen darüber

63. Japanische Sommersandwiches

Servieren: 2

Zutaten:

- Brotscheiben, sechs
- Erdbeere, eine Tasse
- Schlagsahne, eine Tasse

Richtungen:

a) Zuerst sollten Sie Ihr Brot zubereiten.

b) Entweder eine halbe Tasse Schlagsahne in einer Schüssel steif schlagen und gleichmäßig auf dem Brot verteilen.

c) Als nächstes waschen, die Stiele abschneiden und jede Erdbeere in der Mitte halbieren.

d) Ihr Sandwich ist servierbereit.

64. Frische Frühlingsrollen mit Sauce

Servieren: 4

Zutaten:

- Garnelen, halbes Pfund
- Grüne Bohnen, eine Tasse
- Minz- oder Korianderblätter nach Bedarf
- Reispapierhülle, zwölf
- Frühlingszwiebel, halbe Tasse
- Mayonnaise, zwei Esslöffel
- Bohnen-Chili-Paste, ein Teelöffel
- Misopaste, ein Teelöffel

Richtungen:

a) Füllen Sie einen kleinen Topf mit etwas Wasser und fügen Sie etwas Salz hinzu.

b) Die Garnelen hinzugeben und ca. 5 Minuten kochen, bis sie hellrosa sind.

c) In einem separaten Topf die grünen Bohnen fünf Minuten kochen.

d) Legen Sie das Reispapier auf ein sauberes Tuch.

e) Ordnen Sie die Minz- oder Korianderblätter auf dem Boden des Reispapiers an und legen Sie die Garnelenhälften in die Mitte.

f) Mit den grünen Bohnen und einem ganzen Schnittlauch oder einer Frühlingszwiebel garnieren.

g) Nach Geschmack etwas Salz darüber streuen.

h) Falten Sie die Seiten nach innen und rollen Sie sie fest, um sicherzustellen, dass alle Zutaten darin sind.

i) Machen Sie die Dip-Sauce, indem Sie alle Zutaten miteinander vermischen.

j) Frühlingsrollen mit dem Dip als Snack oder Beilage servieren.

65. Karaage japanisches Brathähnchen

Portion: 6

Zutaten:

- Sojasauce, drei Esslöffel
- Hähnchenschenkel ohne Knochen, ein Pfund
- Sake, ein Esslöffel
- Gälische und Ingwerpaste, ein Teelöffel
- Katakuriko-Kartoffelstärke, eine viertel Tasse
- Japanische Mayonnaise nach Bedarf
- Speiseöl, nach Bedarf

Richtungen:

a) Hühnchen in mundgerechte Stücke schneiden.

b) Ingwer, Knoblauch, Sojasauce und Koch-Sake in eine Schüssel geben und mischen, bis alles gut vermischt ist.

c) Fügen Sie das Huhn hinzu, bedecken Sie es gut und lassen Sie es zwanzig Minuten lang marinieren.

d) Lassen Sie überschüssige Flüssigkeit aus dem Huhn ab und fügen Sie Ihre Katakuriko-Kartoffelstärke hinzu. Mischen, bis die Stücke vollständig beschichtet sind.

e) Erhitze etwas Speiseöl in einer Pfanne auf etwa 180 Grad und teste die Temperatur, indem du etwas Mehl hineintropfst.

f) Stück für Stück ein paar Minuten frittieren, bis sie eine tief goldbraune Farbe haben, dann herausnehmen und auf einem Kuchengitter oder Küchenrolle abtropfen lassen.

g) Heiß oder kalt mit ein paar Zitronenschnitzen und einem Spritzer japanischer Mayonnaise servieren.

66. Tazukuri kandierte Sardinen

Servieren: 4

Zutaten:

- Geröstete Sesamsamen, ein Esslöffel
- Honig, ein Esslöffel
- Sojasauce, ein Esslöffel
- Zucker, ein Esslöffel
- Honig, ein Esslöffel
- Aromatisiertes Öl, ein Esslöffel
- Sake, ein Teelöffel
- Babysardinen, eine Tasse

Richtungen:

a) Sammle alle Zutaten. Außerdem benötigen Sie ein mit Backpapier ausgelegtes Backblech.

b) Legen Sie getrocknete Babysardinen in eine Pfanne und rösten Sie sie bei mittlerer Hitze einige Minuten oder bis sie knusprig sind.

c) Die Sesamsamen in die Pfanne geben und zwei Minuten rösten.

d) Achten Sie darauf, die Pfanne ständig zu schütteln, damit die Sesamsamen nicht anbrennen.

e) Sake, Sojasauce und Zucker in dieselbe Pfanne geben. Honig und Öl zugeben.

f) Bei mittlerer Hitze zum Köcheln bringen und die Sauce reduzieren, bis die Sauce eindickt und Sie mit einem Silikonspatel eine Linie auf die Oberfläche der Pfanne ziehen können.

g) Die Sardinen wieder in die Pfanne geben und mit der Sauce bestreichen.

67. Gegrillte Yakitori-Spieße

Servieren: 12

Zutaten:

- Teriyaki-Sauce, halbe Tasse
- Grüne Schalotten, zwei
- Hühnerschenkel, zwei Pfund

Richtungen:

a) Teriyaki-Sauce in einem kleinen Topf bei mittlerer Hitze erhitzen. Zum Kochen bringen und reduzieren, um die Sauce einzudicken.

b) Den weißen Endteil der Schalotten in lange Stücke schneiden.

c) Bereiten Sie die Spieße vor.

d) Grill vorheizen und mit Olivenöl bestreichen.

e) Legen Sie die Yakitori-Hähnchenspieße auf die Grillseite, um das Hähnchen zu braten, bis es gebräunt ist.

f) Drehen Sie die Spieße um und grillen Sie sie, bis die andere Seite gebräunt ist oder das Hühnerfleisch eine weißliche Farbe annimmt.

g) Streichen Sie die Teriyaki-Sauce über die Hähnchenspieße. Wenn eine Seite bedeckt ist, drehen Sie die Spieße um und streichen Sie die Yakitori-Sauce über die Seite.

h) Wiederholen Sie den obigen Vorgang noch einmal und schalten Sie dann die Hitze aus.

i) Servieren Sie die Yakitori-Spieße auf Reis oder mit grünem Salat.

68. Süße Ingwer-Fleischbällchen

Servieren: 4

Zutaten:

- Ingwer- und Knoblauchpaste, ein Esslöffel
- Eier, eins
- Putenhackfleisch, ein Pfund
- Sesamöl, halbe Teelöffel
- Sojasauce, vier Esslöffel
- Semmelbrösel, halbe Tasse
- Hoisin, zwei Esslöffel
- Gewürfelte Frühlingszwiebeln nach Bedarf
- Sesamsamen, nach Bedarf

Richtungen:

a) Backofen auf 400 Grad vorheizen und ein großes Backblech leicht einfetten.

b) In einer großen Schüssel Truthahn, Knoblauch und Ingwer hinzufügen und gut vermischen.

c) Dann Ei, Panko, Sesamöl und Sojasauce hinzufügen und gut vermischen.

d) Die Frikadellen ausrollen und auf das Backblech legen.

e) Zehn Minuten backen und dann die Pfanne drehen und weitere zehn Minuten backen.

f) Übertragen Sie die Fleischbällchen in eine große Bratpfanne, in die alle passen.

g) In einer kleinen Schüssel die restliche Sojasauce und das Hoisin mischen.

h) Die Fleischbällchen in der Soße wenden, während sie sprudelt und eindickt, und einige Minuten kochen lassen.

i) Frikadellen herausnehmen, in eine Schüssel geben und restliche Soße auf die Frikadellen gießen.

69. Gebratener Fischkuchen im Satsuma-Alter

Servieren: 4

Zutaten:

- Zucker, zwei Esslöffel
- Eier, eins
- Fischfilet, ein Pfund
- Salz, nach Bedarf
- Ingwersaft, halbe Teelöffel
- Wasser, zwei Esslöffel
- Mischen Sie Gemüse, zwei Tassen
- Sojasauce, ein Esslöffel

Richtungen:

a) Fischfilet in kleine Stücke schneiden, damit es einfacher ist, Paste in einer Küchenmaschine zu machen.

b) Fischstücke, Sake, Ingwersaft, Salz und Zucker in eine Küchenmaschine geben und pürieren, bis die Mischung zu einer Paste wird.

c) Ei zur Fischpaste geben und gut verrühren.

d) Die gesamte Gemüsemischung in eine große Schüssel geben und gut vermischen, sodass die Gemüsestücke gleichmäßig mit Maismehl bedeckt sind.

e) Die Fischpaste in die Schüssel geben und gut vermischen.

f) Öl in einer Frittierpfanne oder einer Pfanne auf 170 Grad erhitzen.

g) Nehmen Sie die Fischfrikadellenmischung und formen Sie eine Kugel.

h) Braten, bis die Unterseite des Fischkuchens goldbraun ist.

i) Den Fischfrikadellen herausnehmen und das Öl auf einem Gitter oder Küchenpapier abtropfen lassen.

70. Nori-Algen-Popcorn

Portion: 6

Zutaten:

- Schwarzer Sesam, ein Esslöffel
- Brauner Zucker, ein Esslöffel
- Salz, halbe Teelöffel
- Kokosöl, halbe Teelöffel
- Popcornkern, halbe Tasse
- Butter, zwei Esslöffel
- Nori-Algenflocken, ein Esslöffel

Richtungen:

a) In einem Mörser die Nori-Algenflocken, Sesamsamen, Zucker und Salz zu einem feinen Pulver mahlen.

b) Das Kokosöl in einem großen Topf mit schwerem Boden schmelzen.

c) Popcornkerne hinzugeben, mit einem Deckel abdecken und bei mittlerer Hitze garen, bis sie platzen.

d) Fügen Sie sofort den Rest des Mais hinzu, nachdem der Mais gepoppt ist, setzen Sie den Deckel wieder auf und kochen Sie, wobei Sie die Pfanne gelegentlich schütteln, bis alle Körner gepoppt sind.

e) Den gepoppten Mais in eine große Schüssel geben und die geschmolzene Butter darüber gießen, falls verwendet.

f) Streuen Sie Ihre süße und salzige Nori-Mischung darüber und verwenden Sie Ihre Hände, um gut zu mischen, bis jedes Stück bedeckt ist.

g) Mit dem restlichen Sesam bestreuen.

NACHSPEISEN

71. Japanischer zitroniger Shochu

Zutaten

- 20 ml frischer Zitronensaft
- 20ml Schochu
- 40 ml Sodawasser
- Limetten- und Zitronenspalten zum Garnieren

Richtungen

a) Geben Sie den gesamten Inhalt in einen sauberen Cocktailshaker und schütteln Sie ihn gut, um ihn zu vermischen

b) Geben Sie einige Eiswürfel in die fertigen Gläser und gießen Sie das Getränk hinein

c) Mit Zitronen- und Limettenschnitzen servieren

72. Mochi-Süßigkeiten

Zutaten

- 1 $\frac{1}{2}$ Tasse. Vorgefertigtes Anko
- 11/2 Tasse. Wasser
- 1 Tasse. Katakuriko (Maisstärke)
- $\frac{1}{2}$ Tasse. Zucker
- 1 $\frac{1}{4}$ Tasse. Shiratama-ko (Reismehl)

Richtungen

a) $\frac{1}{2}$ Tasse erhitzen. Wasser. Fügen Sie $\frac{1}{2}$ Tasse hinzu. Zucker, aufkochen

b) $\frac{1}{2}$ des Anko-Pulvers hineingeben. Zum Mischen gut umrühren

c) Fügen Sie mehr Wasser hinzu, wenn es sich trocken anfühlt, und rühren Sie, bis es fest wird. Zum Abkühlen beiseite stellen

d) Nach dem Abkühlen den Inhalt löffeln und zu 10 oder mehr kleinen Kugeln formen

e) Restlichen Zucker und Wasser in einer kleinen Schüssel mischen, beiseite stellen

f) Das Reismehl in eine Schüssel geben. Gießen Sie die Zuckermischung vorsichtig in das Mehl und rühren Sie, um einen Teig zu bilden

g) In die Mikrowelle stellen und 3 Minuten erhitzen

h) Sprühen Sie etwas Katakuriko auf die Oberfläche, entfernen Sie den Teig und legen Sie ihn auf die bemehlte Plattform.

i) Kneten Sie es vorsichtig, schneiden Sie es in Kugeln und drücken Sie jede Kugel flach.

j) In jeden flachen Teig eine Anko-Kugel legen, zu einer Kugel rollen

73. Japanische Fruchtspieße

Zutaten

- 2 Tasse. Erdbeere. DE geschält und Spitzen entfernt
- 12 grüne Oliven
- 2 Tasse. Ananaswürfel oder 1 Dose Ananas
- 2 Tasse. Geschnittene Kiwis
- 2 Tasse. Brombeeren
- 2 Tasse. Blaubeeren
- 9 Spieße oder Zahnstocher

Richtungen

a) Überschüssige Flüssigkeit von den Früchten abtropfen lassen und alternativ auf die Spieße stecken

b) Die gefüllten Spieße auf einem Tablett anrichten und für 1 Stunde in den Kühlschrank stellen

c) Herausnehmen und servieren, wenn es fertig ist

74. Agar fruchtige Salsa

Zutaten

- 1 Stock. Kanten-Agar (Fruchtgelee)
- 1 kleine Dose. Mandarinensegmente
- 40 g Shiratama-ko (Reismehl)
- 3 Esslöffel vorgefertigte rote Bohnen
- 10kg. Zucker
- 1 Tasse. Gemischte Früchte aus Kiwis, Erdbeeren usw.

Richtungen

a) Den Kanten-Agar in kaltes Wasser legen, einweichen lassen, bis er weich wird

b) 250 ml Wasser aufkochen, die zarten Kanten aus dem Wasser abgießen und in das kochende Wasser geben. Fügen Sie Zucker hinzu und kochen Sie, bis Kanten gut aufgelöst ist. In eine Schüssel füllen, abkühlen lassen und im Gefrierschrank fest werden lassen

c) Das Shiratama-ko in eine Schüssel geben, etwas Wasser hinzufügen und zu einem Teig verrühren. Rollen Sie es und schneiden Sie es in Kugeln

d) Kochen Sie einen weiteren großen Topf mit Wasser, fügen Sie die Shiratama-ko-Kugeln hinzu, wenn das Wasser kocht, und kochen Sie, bis die Kugeln über dem kochenden Wasser schwimmen.

e) Die geschnittenen Früchte in eine Schüssel geben, die fertigen Shiratama-Ko-Kugeln hinzufügen, eine Portion der roten Bohnen, der Mandarine schöpfen, die angesetzten Kanten in Würfel schneiden und in die Schüssel geben.

f) Falls vorhanden Mandarinensirup oder Sojasauce darüberträufeln und servieren

75. Fruchtige japanische Tasse

Zutaten

- 1 Dose. Kondensmilch süßen
- 1 Dose. Fruchtcocktail (800 g). entwässert
- 1 Flasche (12 Unzen) Kaong. Perfekt entwässert und gespült
- 1 Tasse. Kokosfleisch. Fein in Streifen schneiden
- 1 Flasche (10 Unzen) Kokosnussgel
- 1 (220ml) Packung Allzweckcreme
- 1 Tasse. Käse. in Würfel schneiden

Richtungen

a) In einer kleinen Schüssel die Kondensmilch mit Sahne mischen

b) Gießen Sie andere Zutaten in die fertige Milchmischung. Zum Mischen gut schwenken

c) Schüssel abdecken und 3 Stunden kalt stellen

d) Aus dem Gefrierfach nehmen und servieren!

76. Japanische Wackelreisbällchen

Zutaten

- 70 g japanischer Reis. Zart gekocht
- 6 Esslöffel Sojasauce
- 1 Pfund gekochter Thunfisch

Richtungen

a) Grill vorheizen

b) Schaufeln Sie den gekochten und abgekühlten Reis in Ihre Handfläche oder verwenden Sie eine Onigiri-Form, um eine Reiskugel zu formen.

c) Machen Sie eine Öffnung in die Kugel und fügen Sie die Füllung und den Thunfisch hinzu und schließen Sie sie wieder. (wickeln Sie so viele Bälle ein, wie Sie können)

d) Die Backform mit Kochspray einfetten und die Kugeln hineinlegen

e) Grillen Sie es 12 Minuten lang im vorgeheizten Ofen und wenden Sie es gelegentlich, bis es ziemlich gebräunt ist.

f) Vom Herd nehmen und mit der Sojasauce bestreichen

g) Wieder erhitzen und servieren!

77. Kinako Dango

Servieren: 4

Zutaten:

- Kinako, halbe Tasse
- Kristallzucker, zwei Esslöffel
- Kaltes Wasser, halbe Tasse
- Dango-Pulver, eine Tasse
- Koscheres Salz, halbe Teelöffel

Richtungen:

a) Dango-Pulver und Wasser in eine Rührschüssel geben. Gut mischen, bis alles gut vermischt ist.

b) Etwas Teig nehmen und zu einer Kugel formen.

c) Auf einen Teller legen und so lange wiederholen, bis der gesamte Teig aufgebraucht ist.

d) Stellen Sie eine Schüssel mit kaltem Wasser beiseite.

e) Dango-Kugeln in kochendes Wasser geben und kochen, bis sie nach oben steigen.

f) Abgießen und in kaltes Wasser geben. Einige Minuten einwirken lassen, bis sie abkühlen und abtropfen.

g) In einer anderen Rührschüssel Kinako, Zucker und Salz hinzufügen und gut vermischen.

h) Geben Sie die Hälfte der Kinako-Mischung in eine Servierschüssel, fügen Sie Dango-Kugeln hinzu und garnieren Sie sie mit übrig gebliebenem Kinako.

i) Ihre Mahlzeit ist servierbereit.

78. Kürbispudding nach japanischer Art

Servieren: 2

Zutaten:

- Kürbispüree, eine Tasse
- Zucker, drei Esslöffel
- Vanilleextrakt, ein Teelöffel
- Eier, zwei
- Gelatinepulver, zwei Esslöffel
- Ahornsirup nach Bedarf

Richtungen:

a) Das Gelatinepulver mit der Milch auflösen.

b) In der Zwischenzeit das Kürbispüree und den Zucker in eine Schüssel geben, umrühren und 30 Sekunden lang auf höchster Stufe in die Mikrowelle stellen.

c) Die Milch-Gelatine-Mischung einrühren und zum Kürbis und Zucker geben. Eier und Vanilleextrakt unterrühren und gut verrühren.

d) Befreien Sie sich von den unvermischten Teilen, die im Sieb zurückgeblieben sind.

e) Stellen Sie eine tiefe Pfanne oder einen Topf über eine Herdplatte und stellen Sie die Förmchen hinein.

f) Schalten Sie die Hitze ein und bringen Sie das Wasser zum Kochen.

g) Schalten Sie die Hitze aus und prüfen Sie die Festigkeit der Puddings. Die Textur sollte ein wenig fest, aber immer noch cremig wie Pudding sein.

h) Kühlen Sie die Puddings im Kühlschrank, bis sie vollständig gekühlt sind.

79. Dorayaki

Portion: 6

Zutaten:

- Honig, zwei Esslöffel
- Eier, zwei
- Zucker, eine Tasse
- Mehl, eine Tasse
- Backpulver, ein Teelöffel
- Rote Bohnenpaste, halbe Tasse

Richtungen:

a) Sammle alle Zutaten.

b) In einer großen Schüssel Eier, Zucker und Honig mischen und gut verquirlen, bis die Mischung schaumig wird.

c) Mehl und Backpulver in die Schüssel sieben und alles miteinander vermischen.

d) Der Teig sollte jetzt etwas glatter sein.

e) Eine große Antihaft-Pfanne bei mittlerer Hitze erhitzen. Am besten lassen Sie sich Zeit und erhitzen langsam.

f) Wenn Sie sehen, dass die Oberfläche des Teigs anfängt zu sprudeln, wenden Sie ihn und backen Sie die andere Seite.

g) Die rote Bohnenpaste in die Mitte geben.

h) Wickeln Sie Dorayaki bis zum Servieren
in Plastikfolie ein.

80. Flauschiger japanischer Käsekuchen

Zutaten:

- Vanille-Eiscreme

- Brownie-Mix, eine Schachtel

- Hot-Fudge-Sauce

Richtungen:

a) Ofen vorheizen auf 350 Grad.

b) Schneiden Sie Folienstreifen, um Jumbo-Muffinformen auszukleiden.

c) Streifen kreuz und quer übereinanderlegen, um sie als Hebegriffe zu verwenden, wenn die Brownies fertig sind.

d) Folie in einer Pfanne mit Kochspray einsprühen.

e) Brownie-Teig wie auf der Packung beschrieben zubereiten.

f) Den Teig gleichmäßig auf die Muffinförmchen verteilen. Die Muffinförmchen sind etwa zu 3/4 voll.

g) Muffinblech auf das umrandete Backblech stellen und im vorgeheizten Ofen 40-50 Minuten backen.

h) Aus dem Ofen nehmen und 5 Minuten in der Pfanne abkühlen lassen, dann für weitere 10 Minuten auf ein Kühlregal stellen.

i) Möglicherweise müssen Sie ein Buttermesser oder einen Glasurspatel verwenden, um die Seiten jedes Brownies zu lösen, und ihn dann mit den Foliengriffen aus der Muffinform heben.

j) Servieren Sie den warmen Brownie auf einem Teller mit einer Kugel Vanilleeis und heißer Fudge-Sauce.

81. Matcha-Eis

Servieren: 2

Zutaten:

- Matcha-Pulver, drei Esslöffel
- Halb und halb, zwei Tassen
- Koscheres Salz, eine Prise
- Zucker, halbe Tasse

Richtungen:

a) In einem mittelgroßen Topf die Hälfte und die Hälfte, Zucker und Salz verquirlen.

b) Beginnen Sie, die Mischung bei mittlerer Hitze zu kochen, und fügen Sie grünes Teepulver hinzu.

c) Vom Herd nehmen und die Mischung in eine Schüssel geben, die in einem Eisbad steht. Wenn die Mischung abgekühlt ist, mit Plastikfolie abdecken und im Kühlschrank kalt stellen.

d) Ihr Gericht ist servierfertig.

82. Taiyaki

Portion: 5

Zutaten:

- Kuchenmehl, zwei Tassen
- Backpulver, ein Teelöffel
- Backpulver, halbe Teelöffel
- Zucker, eine Tasse
- Ei, zwei
- Milch, halbe Tasse

Richtungen:

a) Kuchenmehl, Backpulver und Natron in eine große Schüssel sieben.

b) Den Zucker hinzugeben und gut verrühren.

c) In einer mittelgroßen Schüssel das Ei verquirlen und dann die Milch hinzufügen.

d) Kombinieren Sie die trockenen Zutaten mit den feuchten Zutaten und verquirlen Sie alles gut.

e) Gießen Sie den Teig in einen Messbecher oder Krug.

f) Die Taiyaki-Pfanne erhitzen und die Pfanne mit einem Pinsel mit Pflanzenöl einfetten.

g) Füllen Sie die Taiyaki-Pfannenform bei mittlerer bis niedriger Hitze zu etwa 60 %.

h) Deckel schließen und sofort wenden.

i) Dann wenden und kochen. Öffnen und überprüfen Sie, ob Taiyaki goldfarben ist.

83. Zenzai

Servieren: 4

Zutaten:

- Mochi, eine Tasse
- Rote Bohnen, eine Tasse
- Zucker, drei Esslöffel

Richtungen:

a) Rote Bohnen und fünf Tassen Wasser in einen Topf geben.

b) Zum Kochen bringen und fünf Minuten kochen lassen, dann die Bohnen abseihen und das Wasser, in dem sie gekocht wurden, wegschütten.

c) Nun die Bohnen abgießen und das Kochwasser auffangen.

d) Abgetropfte Bohnen in den Topf geben, Zucker hinzufügen und bei mittlerer Hitze zehn Minuten unter ständigem Rühren kochen.

e) Dann das Kochwasser der Bohnen zugießen, mit Zucker abschmecken und bei schwacher Hitze umrühren.

f) Backen Sie Mochi über einem Grill oder in einem Toaster, bis sie sich ausdehnen und leicht bräunen.

g) Mochi in eine Servierschüssel geben und mit einer Kugel Bohnensuppe bedecken.

84. Okoshi

Servieren: 3

Zutaten:

- Gekochter Reis, eine Tasse
- Tempuraöl, ein Esslöffel
- Zucker, eine Tasse
- Puffreis, eine Tasse
- Erdnüsse, halbe Tasse

Richtungen:

a) Den gekochten Reis auf einem Backblech in einer dünnen Schicht verteilen und auf ein flaches Sieb oder ein Servierblech legen.

b) Wenn der Reis durchscheinend und knusprig wird, ist er bereit für die weitere Zubereitung. Zerkleinern Sie zuerst alle Klumpen mit Ihren Fingern.

c) Eine Form für Okoshi mit Backpapier auslegen.

d) Tempuraöl auf 180 Grad erhitzen und den Reis frittieren.

e) Zucker mit Wasser mischen und bei mittlerer Hitze kochen, bis der Sirup zu köcheln beginnt, dann die Hitze reduzieren und nach Belieben Erdnüsse hinzugeben.

f) Gebratenen Puffreis und Zuckersirup schnell mischen und in einen Behälter umfüllen. Decken Sie die Oberseite mit einem Backblech ab und drücken Sie mit einem schweren und flachen Gegenstand.

g) In kleine Stücke schneiden und servieren.

85. Dango

Portion: 6

Zutaten:

- Joshinko-Reismehl, eine Tasse
- Shiratamako-Reismehl, eine Tasse
- Zucker, halbe Tasse
- Warmwasser nach Bedarf

Richtungen:

a) Mischen Sie das nicht klebrige Joshinko-Reismehl, das klebrige Shiratamako-Reismehl und den Zucker.

b) Fügen Sie das heiße Wasser nach und nach hinzu und mischen Sie es gut.

c) Decken Sie die Schüssel ab, in der Sie Ihre Dango-Mischung gemischt haben, und stellen Sie sie einige Minuten lang in die Mikrowelle. Feuchten Sie Ihre Hände erneut an und rollen Sie den Teig zu gleich großen Kugeln.

d) Ihr Gericht ist servierfertig.

86. Kasutera

Servieren: 24

Zutaten:

- Milch, eine Tasse
- Honig, zwei Esslöffel
- Mehl, zwei Tassen
- Zucker, eine Tasse

Richtungen:

a) Backofen auf 170 Grad vorheizen.

b) Bestreichen Sie zuerst den Boden und die Seiten einer Backform mit Butter oder Backfett und legen Sie sie dann mit Backpapier aus, sodass ein Teil des Papiers über die Seiten der Pfanne hängt.

c) Den Boden der Pfanne mit Zucker bestreuen.

d) Einen Topf mit Wasser zum Kochen bringen und dann vom Herd nehmen.

e) Milch und Honig verquirlen und das Mehl doppelt sieben.

f) Die Eier und den Zucker in die Schüssel geben.

g) Als nächstes die Milch-Honig-Mischung einrühren und dann Mehl Esslöffel für Esslöffel hinzufügen und die ganze Zeit schlagen, bis es eingearbeitet ist.

h) Wenn der Kuchen kühl genug zum Anfassen ist, den Kuchen in eine Plastiktüte geben und verschließen. Kühlen Sie für ein paar Stunden.

i) Ihr Gericht ist servierfertig.

RAMEN UND SUSHI

87. Shoyu Ramen

Servieren: 4

Zutaten:

- Chashu, eine Tasse
- Nitamago, nach Bedarf
- Shiitake, nach Bedarf
- La-yu, nach Bedarf
- Nori, halbe Tasse
- Ramen, vier Packungen
- Dashi, halbe Tasse

Richtungen:

a) In einem Topf mit kochendem Salzwasser die Ramen etwa eine Minute lang mit einer Zange oder Stäbchen umrühren, bis sie gar sind.

b) In einem kleinen Topf bei mittlerer Hitze Dashi und Shiitake erwärmen, bis sie kaum noch köcheln.

c) Eine Minute kochen und vom Herd nehmen.

d) Shiitake beiseite stellen.

e) Dashi und Nudeln in eine Servierschüssel geben.

f) Mit Chashu, Nitamago, Shiitake, Frühlingszwiebeln, einem Spritzer La-Yu und Nori garnieren, falls gewünscht.

88. Miso-Ramen

Servieren: 2

Zutaten:

- Misopaste, zwei Esslöffel
- Mischen Sie Gemüse, eine Tasse
- Ramen, zwei Packungen
- Sojasauce, ein Esslöffel

Richtungen:

a) Kochen Sie die Ramen und kochen Sie das Gemüse.

b) Jetzt alle restlichen Zutaten vermischen und heiß servieren.

89. Einfache hausgemachte Hühnchen-Ramen

Servieren: 2

Zutaten:

- Huhn, eine Tasse
- Ramen-Nudeln, zwei Packungen
- Öl, ein Teelöffel
- Salz und Pfeffer nach Geschmack

Richtungen:

a) Kochen Sie die Ramen und das Huhn.
b) Jetzt alle anderen Zutaten mischen und heiß servieren.

90. Vegetarische Ramen

Servieren: 2

Zutaten:

- Mischen Sie Gemüse, eine Tasse
- Ramen-Nudeln, zwei Packungen
- Öl, ein Teelöffel
- Salz und Pfeffer nach Geschmack

Richtungen:

a) Ramen und Gemüse kochen.

b) Jetzt alle anderen Zutaten mischen und heiß servieren.

91. Ramen-Nudeln

Servieren: 2

Zutaten:

- Ramen-Nudeln, zwei Packungen
- Misopaste, zwei Esslöffel
- Sojasauce, ein Esslöffel

Richtungen:

a) Mischen Sie alle Zutaten zusammen und kochen Sie zehn Minuten lang gut.

b) Ihr Gericht ist servierfertig.

92. Schweinefleisch-Ramen

Servieren: 2

Zutaten:

- Schweinefleisch, eine Tasse
- Ramen-Nudeln, zwei Packungen
- Öl, ein Teelöffel
- Salz und Pfeffer nach Geschmack

Richtungen:

a) Kochen Sie die Ramen und das Schweinefleisch.
b) Jetzt alle Zutaten vermischen und heiß servieren.

93. Instant-Ramen

Servieren: 2

Zutaten:

- Instant-Ramen-Nudeln, zwei Packungen
- Instant-Gewürzmischung, zwei Esslöffel
- Wasser, drei Tassen

Richtungen:

a) Mischen Sie alle Zutaten zusammen und kochen Sie für zehn Minuten.

b) Ihr Gericht ist servierfertig.

94. Tunfisch Sushi

Servieren: 4

Zutaten:

- Sesamöl, halbe Teelöffel
- Frühlingszwiebeln / Frühlingszwiebeln, zwei
- Geröstete weiße Sesamsamen, zwei Esslöffel
- Würzige Mayo, zwei Esslöffel
- Sushi-Reis (gekocht und gewürzt), eineinhalb Tassen
- Thunfisch in Sashimi-Qualität, vier Unzen
- Sriracha-Sauce, drei Teelöffel

Richtungen:

a) Mischen Sie in einer mittelgroßen Schüssel Thunfisch, Sriracha-Sauce, Sesamöl und etwas Frühlingszwiebel.

b) Legen Sie ein Blatt Nori mit der glänzenden Seite nach unten auf die Bambusmatte. Befeuchten Sie Ihre Finger mit Wasser und verteilen Sie $\frac{3}{4}$ Tasse Reis gleichmäßig auf dem Nori-Blatt.

c) Den Reis mit Sesam bestreuen.

d) Drehen Sie das Nori-Blatt um, sodass die Reisseite nach unten zeigt.

e) Die Hälfte der Thunfischmischung auf das untere Ende des Noriblatts geben.

f) Greifen Sie den unteren Rand der Bambusmatte, während Sie die Füllungen mit den Fingern an Ort und Stelle halten, und rollen Sie sie in eine enge Zylinderform.

g) Die Rolle mit einem sehr scharfen Messer halbieren und dann jede Hälfte in drei Stücke schneiden.

h) Auf jedes Sushi einen Klecks würzige Mayonnaise geben.

95. Japanische Sushi-Rollen

Servieren: 4

Zutaten:

- Zitronenhälfte
- Noriblätter, zwei
- Sushi-Reis, zwei Tassen
- Garnelen-Tempura, acht Stück
- Tobiko, zwei Esslöffel
- Unagi (Aal)
- persische/japanische Gurken, eine
- Avocados, eins

Richtungen:

a) Drücken Sie die Avocadoscheiben vorsichtig mit den Fingern, bis die Länge der Avocado etwa der Länge der Sushi-Rolle entspricht.

b) Wickeln Sie die Bambusmatte mit Plastikfolie ein und legen Sie die Hälfte des Nori-Blatts mit der glänzenden Seite nach unten darauf.

c) Drehen Sie es um und legen Sie das Garnelen-Tempura, die Gurkenstreifen und das Tobiko an das untere Ende des Nori-Blatts.

d) Beginnen Sie am unteren Ende, das Nori-Blatt über die Füllung zu rollen, bis das untere Ende das Nori-Blatt erreicht.

e) Legen Sie die Bambusmatte über die Rolle und drücken Sie die Rolle fest zusammen.

f) Platziere die Avocado mit der Seite des Messers auf der Rolle.

g) Legen Sie Plastikfolie über die Rolle und legen Sie dann die Bambusmatte darüber.

h) Die Rolle mit dem Messer in 8 Stücke schneiden.

i) Legen Sie Tobiko auf jedes Stück Sushi, träufeln Sie würzige Mayo darüber und streuen Sie schwarzen Sesam darüber.

96. Käse Ramen Carbonara

Portionsgröße: 4

Zutaten:

- Dashi, eine Tasse
- Olivenöl, ein Esslöffel
- Speckscheiben, sechs
- Salz, nach Bedarf
- Gehackter Knoblauch, zwei
- Petersilie, nach Bedarf
- Parmesankäse, halbe Tasse
- Milch, zwei Esslöffel
- Eier, zwei
- Ramen-Packung, drei

Richtungen:

a) Kombinieren Sie alle Zutaten.
b) Nudeln nach Packungsanleitung kochen.
c) Heben Sie eine viertel Tasse Kochwasser auf, um die Sauce bei Bedarf später aufzulockern. Nudeln abgießen und mit Olivenöl schwenken, damit sie nicht kleben.

d) Mittlere Pfanne bei mittlerer Hitze erhitzen. Speckstücke braten, bis sie braun und knusprig sind. Die Nudeln in die Pfanne geben und mit dem Speck schwenken, bis die Nudeln mit dem Speckfett überzogen sind.

e) Eier mit einer Gabel verquirlen und Parmesankäse untermischen. Gießen Sie die Eier-Käse-Mischung in die Pfanne und werfen Sie sie mit Speck und Nudeln.

97. Japanische Pilznudelsuppe

Zutaten

- 2 Unzen Buna-Shimeji-Pilz
- 1 Bündel. Soba-Nudeln oder Ihre bevorzugten Nudeln. Nach Anleitung gekocht und abgetropft
- 3 Esslöffel Mizkan soBasis auf
- 2 gekochte Eier, aufgeschlagen und halbiert
- 1 Bund Baby Pak Choi oder Salat
- 2 Tassen Wasser
- 2 Teelöffel weißer Sesam
- Frühlingszwiebeln, gehackt

Richtungen

a) In einem mittelgroßen Topf das Wasser zum Kochen bringen und die Suppenbasis, den Baby Pak Choy und die Pilze hinzugeben. 2 Minuten kochen.

b) Die gekochten Nudeln in Teller/Schüsseln anrichten. Die Eihälften darauflegen und die Suppe darüber träufeln

c) Mit Frühlingszwiebeln und Sesam garnieren

d) Mit Stäbchen servieren

98. Sushireis/Chirashi-zushi

Zutaten:

- Japanischer Reis, zwei Tassen
- Reisessig, eine viertel Tasse
- Salz, ein Teelöffel und Zucker, zwei Esslöffel
- Shitake-Pilze, acht
- Sashimi, halbes Pfund
- Eier, drei und Mirin, ein Teelöffel
- Sesamsamen, nach Bedarf
- Thunfisch, halbes Pfund

Richtungen:

a) Kombinieren Sie die Zutaten.

b) Reis in eine große Schüssel geben und mit kaltem Wasser waschen.

c) Legen Sie den Reis in einen Reiskocher und fügen Sie etwa zwei Tassen Wasser hinzu. Lassen Sie den Reis mindestens 30 Minuten im Wasser einweichen. Starten Sie den Herd.

d) In einem kleinen Topf Reisessig, Zucker und Salz mischen. Die Pfanne auf schwache Hitze stellen und erhitzen, bis sich der Zucker auflöst.

e) Den heißen gedämpften Reis auf einem großen Teller oder einer großen Schüssel verteilen. Die Essigmischung über den Reis streuen und mit einem Shamoji schnell unter den Reis mischen.

f) Shiitake, Sojasauce, Zucker und Mirin in eine Pfanne geben. Shiitake bei schwacher Hitze köcheln lassen, bis die Flüssigkeit fast verschwunden ist.

g) Ölen Sie eine mittelgroße Pfanne und gießen Sie eine Kugel Ei-Zucker-Mischung hinein und machen Sie ein dünnes Omelett

99. Ramen-Nudelpfanne mit Steak

Portionsgröße: 2

Zutaten:

- Zwiebel, eins
- Karotten, halbe Tasse
- Hackfleisch, halbes Pfund
- Rapsöl, ein Esslöffel
- Ketchup, zwei Esslöffel
- Salz und Pfeffer nach Geschmack
- Maisstärke, ein Teelöffel
- Rinderbrühe, eine Tasse
- Sake, ein Esslöffel
- Gekochtes Ei, eins
- Worcestershire-Sauce, ein Esslöffel

Richtungen:

a) In einer großen Pfanne bei mittlerer Hitze Öl erhitzen.

b) Fügen Sie Steak hinzu und braten Sie es bis zur gewünschten Fertigstellung an, etwa fünf Minuten pro Seite für Medium, legen Sie es dann auf ein Schneidebrett und lassen Sie es fünf Minuten ruhen und schneiden Sie es dann in Scheiben.

c) In einer kleinen Schüssel Sojasauce, Knoblauch, Limettensaft, Honig und Cayennepfeffer verquirlen, bis alles gut vermischt ist, und beiseite stellen.

d) Zwiebel, Paprika und Brokkoli in die Pfanne geben und kochen, bis sie weich sind, dann die Sojasaucenmischung hinzufügen und umrühren, bis sie vollständig bedeckt sind.

e) Fügen Sie gekochte Ramen-Nudeln und Steak hinzu und schwenken Sie, bis alles gut vermischt ist.

100. Yakisoba

Portionsgröße: 4

Zutaten:

- Fischsauce, zwei Esslöffel
- Ei, eins
- Sojasauce, halbe Tasse
- Gekochter japanischer Reis, drei Tassen
- Tomaten, zwei
- Koriander, halbe Tasse
- Salz und Pfeffer nach Geschmack
- Pflanzenöl, zwei Esslöffel
- Japanische Chilischoten, drei
- Geröstete Walnüsse, halbe Tasse
- Hühnerbrust, acht Unzen
- Zwiebel, eins
- Frühlingszwiebeln, halbe Tasse
- Gehackter Knoblauch, ein Teelöffel

Richtungen:

a) Wenn der Wok sehr heiß ist, fügen Sie zwei Teelöffel Öl hinzu.

b) Wenn das Öl heiß ist, fügen Sie das Huhn hinzu und kochen Sie es auf hoher Stufe, bis es überall gebräunt und durchgegart ist.

c) Entfernen Sie das Huhn und legen Sie es beiseite, fügen Sie die Eier hinzu, fügen Sie eine Prise Salz hinzu und kochen Sie es ein oder zwei Minuten lang, bis es fertig ist.

d) Das restliche Öl in den Wok geben und Zwiebel, Frühlingszwiebeln und Knoblauch hinzufügen. Den ganzen Reis unterrühren. Fügen Sie die Sojasauce hinzu und rühren Sie die Fischsauce um, um alle Zutaten zu mischen.

e) Rühren Sie ein paar Minuten weiter und geben Sie dann Ei und Hähnchen zurück in den Wok.

FAZIT

Was für eine Fahrt! Es hat sich gelohnt, sofort fantastische japanische Gerichte zu kennen … und wenn Sie vorhaben, eine asiatische Themenparty zu veranstalten, ist dies ein guter Zeitpunkt, um Ihre asiatischen Kochkünste zu üben und stolz auf sich zu sein. Probieren Sie sie also nacheinander aus und denken Sie daran, uns zu erzählen, wie es gelaufen ist.

Die japanische Küche ist bekannt für ihre Vielfalt an Gerichten und ihre große Kombination aus seltenen Gewürzen, die normalerweise nur in Japan angebaut werden.

CPSIA information can be obtained
at www.ICGtesting.com
Printed in the USA
BVHW062005150322
631524BV00006B/87

9 781803 508931